CONTES
D'UN
BUVEUR DE BIÈRE

EN PRÉPARATION

LES AMOURS DE PETITE VILLE

CHARDONNETTE

Paris. — Imprimerie L. Poupart-Davyl, rue du Bac, 30.

DEUXIÈME ÉDITION

CHARLES DEULIN

CONTES D'UN BUVEUR DE BIÈRE

PARIS
LIBRAIRIE INTERNATIONALE
15, BOULEVARD MONTMARTRE

A. LACROIX, VERBOECKHOVEN & C°, ÉDITEURS
A Bruxelles, à Leipzig et à Livourne.

—

1868
Tous droits de traduction et de reproduction réservés

Ce 31 *mars* 1868.

J'aurais dû vous remercier depuis longtemps, Monsieur, pour l'intéressant volume des contes flamands, — intéressant en effet par le fond, par le tour, par le bon sens vivant & le drame familier qui s'y joue à chaque page. Vous avez parfaitement fait de mettre du vôtre dans ces légendes & récits populaires : à moins qu'on ne veuille recueillir de simples racines pour la science pure & pour l'histoire des origines, c'est ainsi qu'il convient de faire, afin de courir de main en main & d'être lu. Ces ébauches primitives ne peuvent que gagner à un coup de pouce habile donné par un ami & par un pays.

L'Hôtellerie des Sept Péchés Capitaux est excellente. Le Poirier de Misère est admirable. Je doute que dans le récit populaire il y ait cette belle expression simple : « Chaque nouvelle génération n'était plus occupée qu'à soigner les précédentes qui ne pouvaient guérir de la vie. » — C'est là ce que j'appelle le coup de pouce de l'artiste sournois & qui n'en a pas l'air.

Veuillez agréer, cher Monsieur, l'assurance de mes sentiments dévoués,

SAINTE BEUVE

u temps jadis, à Condé-sur-l'Escaut, par les clairs de lune, ces contes se contaient dans les encoignures des rues, sur les trappes des caves. Ils sont dédiés à Augustin Deulin, franc camarade & gentil buveur de bière, par son frère & compagnon

C. D.

Cambrinus, Roi de la Bière

I

u temps jadis, il y avait au village de Fresnes-sur-l'Escaut un garçon verrier nommé Cambrinus, selon d'autres Gambrinus, qui, avec sa figure rose & fraîche, sa barbe & ses cheveux dorés, était bien le plus joli gars qu'on pût voir.

Plus d'une demoiselle de verrier, en apportant le dîner de son père, agaçait de l'œil le beau Cambrinus; mais lui n'avait d'yeux que pour Flandrine, la fille de son souffleur.

Flandrine était, de son côté, une superbe fille à la chevelure d'or, aux joues rouvelèmes, — j'ai voulu dire vermeilles, — & jamais couple mieux assorti n'eût été béni par M. le curé, s'il n'y avait eu entre eux une barrière infranchissable.

Cambrinus n'était point de race verrière & ne pouvait aspirer à la maîtrise. Il devait, sa vie durant, passer la bouteille ébauchée à son souffleur, sans jamais prétendre à l'honneur de l'achever lui-même.

Personne n'ignore, en effet, que les verriers sont tous gentilshommes de naissance & ne montrent qu'à leurs fils le noble métier de souffleur. Or, Flandrine était trop fière pour abaisser ses regards sur un simple grand garçon, comme on dit en langage de verrier.

Cela fit que le malheureux, consumé par un feu dix fois plus ardent que celui de son four, perdit ses fraîches couleurs & devint sec comme un héron.

N'y pouvant tenir davantage, un jour qu'il était seul avec Flandrine, il prit son courage à deux mains & lui déclara ses sentiments. L'orgueilleuse fille le reçut avec un tel dédain que, de désespoir, il planta là sa besogne & ne reparut plus à la verrerie.

Comme il aimait la musique, il acheta une viole pour charmer ses ennuis & essaya d'en jouer sans avoir jamais appris.

L'idée lui vint alors de se faire musicien. « Je

deviendrai un grand artifte, se dit-il, & peut-être Flandrine voudra-t-elle de moi. Un bon musicien vaut bien un gentilhomme verrier. »

Il alla trouver un vieux chanoine de la collégiale de Condé, nommé Josquin, qui avait un génie merveilleux pour la musique. Il lui conta ses peines & le pria de lui enseigner son art. Josquin eut pitié de son chagrin & lui montra à jouer de la viole selon les règles.

Cambrinus fut bientôt en état de faire danser les jeunes filles sur le pré. Il était dix fois plus habile que les autres ménétriers; mais, hélas! nul n'eft prophète en son pays.

Les gens de Fresnes ne voulaient point croire qu'un garçon verrier fût devenu en si peu de temps bon musicien, & c'eft sous un feu roulant de quolibets que, par un beau dimanche, armé de sa viole, il monta sur son eftrade, je veux dire sur son tonneau.

Bien que fort ému, il donna d'une main sûre les premiers coups d'archet. Peu à peu il s'anima & conduisit la danse avec une vigueur & un entrain qui firent taire les rieurs. Tout allait à merveille quand Flandrine parut.

A sa vue, l'infortuné perdit la tête, joua à contre-temps & battit si bien la campagne que les danseurs, croyant qu'il se moquait d'eux, le tirèrent à bas de son tonneau, lui brisèrent sa viole sur les épaules & le renvoyèrent hué, conspué & les yeux pochés.

Pour comble de malheur, il y avait à cette époque à Condé un juge qui rendait la juſtice comme les épiciers vendent de la chandelle, — en faisant pencher à son gré les plateaux de la balance. Il était bègue, parlait presque toujours en latin, marmottait des patenôtres du matin au soir & ressemblait si fort à un singe qu'on l'avait surnommé Jocko.

Jocko apprit l'affaire & fit citer les perturbateurs à son tribunal. Les Fresnois y allèrent, portant chacun une couple de poulets qu'ils offrirent à M. le juge. Celui-ci trouva les poulets si gras & Cambrinus si coupable que, bien que le malheureux eût été battu en plein soleil, il le condamna à un mois de prison pour voies de fait & tapage nocturne.

Ce fut un grand crève-cœur pour le pauvre garçon. Il était tellement honteux & désolé qu'en sortant de prison il résolut d'en finir avec la vie. Il détacha la corde de son puits, qui était toute neuve, & gagna le bois d'Odomez.

Arrivé au carrefour le plus sombre, il grimpa à un chêne, s'assit sur la première branche, attacha solidement la corde & se la passa autour du cou. Cela fait, il releva la tête, & il allait sauter le pas, quand il s'arrêta soudain.

Devant ses yeux était planté un homme de haute taille, vêtu d'un habit vert à boutons de cuivre, coiffé d'un chapeau à plumes, armé d'un couteau de chasse & portant un cor d'argent pardessus sa carnassière. Cambrinus & lui se regardèrent quelque temps en silence.

« Que je ne vous gêne point! dit enfin l'inconnu.

— Je ne suis mie pressé, répondit l'autre, un peu refroidi par la présence d'un étranger.

— Mais je le suis, moi, mon bon Cambrinus.

— Tiens! vous savez mon nom?

— Et je sais aussi que tu vas danser ta dernière gigue, parce qu'on t'a fourré en prison & que l'aimable Flandrine refuse de t'enrôler dans la grande confrérie... »

Et, ce disant, l'inconnu ôta son chapeau.

« Quoi! c'eſt vous, myn heer van Belzébuth. Eh bien! par vos deux cornes, je vous croyais plus laid.

— Merci!

— Et quel bon vent vous amène?

— N'eſt-ce point aujourd'hui samedi? Ma femme lave la maison, &, comme j'ai horreur des wassingues...

— Vous avez décampé. Je comprends cela. Et... avez-vous fait bonne chasse?

— Peuh! je ne rapporte que l'âme du juge de Condé.

— Comment! Jocko eſt mort! Et vous emportez son âme! Oh! mais ne perdez point de temps, myn heer. Qu'attendez-vous encore?

— J'attends la tienne.

— La mienne, myn God!

— Tous les pendus sont gibier d'enfer.

— Et si je ne me pends pas?

— Ce sera l'enfer en ce monde.

— Ce qui ne vaut guère mieux. Mais ce n'eſt mie juſte, cela, godverdom! Voyons, monsieur le diable, soyez bon diable & tirez-moi de là!

— Mais comment?

— Faites que Flandrine veuille bien m'épouser.

— Impossible, fieu! Ce que femme veut...

— Dieu le veut, je le ſais; mais ce qu'elle ne veut point?...

— Ce qu'elle ne veut point, le diable lui-même y perdrait ses cornes.

— Alors, faites que je ne l'aime plus.

— J'y consens... à une condition. C'eſt que tu me donneras ton âme en échange.

— Tout de suite?

— Non. Dans trente ans d'ici.

— Ma foi! topez là. Je suis trop malheureux... mais vous m'aiderez, par dessus le marché, à me venger des gens de Fresnes.

— Songeons d'abord à te guérir, & retiens ceci. Un clou chasse l'autre. Il n'eſt si forte passion qui ne cède à une passion plus vive. Jour et nuit joue, & remplace le jeu d'amour par l'amour du jeu.

— J'essayerai, dit Cambrinus. Merci, myn heer. »

Il détacha sa corde & tira sa révérence.

II

Il y avait juftement à Condé, le dimanche suivant, un grand tir à l'arc. Cambrinus s'y rendit, comme tous les Fresnois.

La confrérie des archers de Saint-Sébaftien avait fait afficher, en manière de prix, cinq plats & trois cafetières d'étain, plus six cuillers à café en argent pour le dernier oiselet abattu. Cambrinus gagna à lui seul quatre plats, deux cafetières & les six cuillers d'argent. Jamais on n'avait ouï parler d'une pareille adresse.

Comme, huit jours après, on devait jouer à la balle sur la place Verte de Condé, il forma à Fresnes un peloton de joueurs, &, bien que jusqu'alors les Fresnois n'eussent guère brillé sur le jeu de paume, il ne craignit point de lutter contre les parties de Valenciennes & de Quaregnon, les deux plus fortes du pays. Les Valenciennois &

les Quaregnonais furent vaincus par les Fresnois. Ils se fâchèrent, & on se battit à coups de poing dans toutes les rues.

Cambrinus acheta alors un pinson aveugle, qu'à la mode des gens du pays wallon il emporta partout avec lui. Ayant ouï dire qu'il devait y avoir à Saint-Amand un grand concours de pinsons, il prit son compagnon de route et partit.

En approchant de la ville, il rencontra à la Croisette les pinsonneurs qui, au nombre de trois cents, se rendaient au lieu du combat, deux par deux, & tenant à la main leurs petites cages en bois, garnies de fil de fer. Le cortége était précédé d'un tambour-major orné de sa canne, de deux tambours & de six jambons fleuris & enrubannés, digne prix de la lutte.

Cambrinus leur emboîta le pas, & quand les cages furent rangées en bataille, le long du clos de l'Abbaye, on entendit un joli concert. Chaque oiseau criait à tue-tête son gai refrain, tandis qu'avec un morceau de craie, son maître, sous la surveillance des commissaires, inscrivait consciencieusement les coups de gosier sur une ardoise. Le bruit était tel qu'on n'eût pas ouï sonner la grosse cloche de la tour.

Le Fresnois avait parié trois mille florins que, sans entremêler son chant des *p'tit-p'tit-p'tit récapiau-placapiau* qui échappent aux artiſtes de second ordre, son virtuose répèterait neuf cents fois en une heure *ran-plan-plan-plan-biscouïtte-biscoriau*, le vrai solo, le seul qui puisse compter.

L'oiseau alla jusqu'à neuf cent cinquante, & le maître gagna le premier prix & les trois mille florins, après quoi les Amandinois promenèrent en triomphe l'homme & la bête, l'un portant l'autre.

Cambrinus se mit alors à parcourir les Flandres, battant avec son ténor les plus renommés pinsonneurs; & c'eft depuis cette époque que les Flamands sont aussi passionnés pour les combats de pinsons que les Anglais pour les combats de coqs.

Des Flandres il passa en Allemagne & voyagea de ville en ville, jouant à tous les jeux d'adresse & de hasard. Partout il emporta sa chance avec lui. Il fit l'admiration générale, gagna des sommes énormes, devint immensément riche, mais il ne guérit point de son amour.

Cette chance infaillible l'avait d'abord enchanté. Plus tard, elle ne fit que l'amuser; puis elle le laissa froid & bientôt elle l'ennuya. A la fin, il était si las de ce gain perpétuel, qu'il aurait donné tout au monde pour perdre une seule fois; mais son bonheur le poursuivait avec un acharnement implacable.

Il recommençait à se trouver bien malheureux,

quand, un matin, il s'éveilla avec une idée lumineuse : « A quelque chose bonheur eſt bon, se dit-il. Peut-être que Flandrine consentira à m'épouser, maintenant que je suis tout cousu d'or. »

Il revint déposer ses trésors aux pieds de la cruelle; mais, chose incroyable & bien faite pour étonner les demoiselles d'aujourd'hui, Flandrine refusa.

« Êtes-vous gentilhomme? dit-elle.

— Non.

— Eh bien! remportez vos trésors; je n'épouserai qu'un gentilhomme. »

Cambrinus était si désespéré, qu'un beau jour, entre chien & loup, il retourna au bois d'Odomez, grimpa au chêne, s'assit sur la première branche & y attacha solidement sa corde. Déjà il se passait le nœud coulant autour du cou, quand apparut le vert chasseur.

« Ah! fieu! lui cria Belzébuth, j'avais oublié le proverbe : Malheureux en amour, heureux au jeu. Veux-tu que je t'indique un moyen de perdre? »

Cambrinus dressa l'oreille.

« Oui, tu perdras, & tu perdras mieux que de l'or. Tu perdras la mémoire, &, avec elle, les tourments du souvenir.

— Et comment?

— Bois. Le vin eſt père de l'oubli. Verse-toi des

flots d'allégresse. Rien ne vaut une bouteille de piot pour noyer la triſteſſe humaine.

— Vous pourriez bien avoir raison, myn heer. »

Et Cambrinus roula sa corde & retourna à Fresnes.

III

Sans perdre de temps, il fit conſtruire en larges pierres de Tournay une cave longue de six cents pieds, large de quarante & haute à l'avenant. Il la garnit des vins les plus exquis.

Dans les foudres, rangés sur deux lignes parallèles, mûrissaient le chaud bourgogne, le doux bordeaux, le champagne pétillant, le gai malvoisie, le marsala babillard, l'ardent xérès, le généreux tokai & le tendre johannisberg, qui ouvre aux têtes carrées d'Allemagne les portes d'or de la rêverie.

Jour & nuit Cambrinus buvait le jus de la vigne dans des verres de Bohême. L'infortuné croyait boire l'oubli, il ne buvait que l'amour. D'où venait ce phénomène? Hélas! de ce que les bons Flamands sont autrement bâtis que les gens d'ailleurs.

Chez nous, quand les fumées du vin envahissent le cerveau, quand le divin jus bout sous le crâne, comme la lave au fond du cratère, c'eft alors seuement que l'imagination prend feu.

Au sixième verre, le Flamand voyait immanquablement devant ses yeux, au bras de jolis danseurs, des myriades de Flandrines qui lui faisaient la nique en exécutant d'interminables carmagnoles.

Alors il chercha l'oubli tour à tour dans le cidre normand, le poiré manceau, l'hydromel gaulois, le cognac français, le genièvre hollandais, le gin anglais, le wiskey écossais, le kirsch germain. Hélas! le cidre, le poiré, l'hydromel, le cognac, le genièvre, le gin, le wiskey & le kirsch ne firent qu'alimenter la fournaise. Plus il buvait, plus il s'excitait, plus il enrageait.

Un soir, il n'y put résifter davantage : il courut tout d'une traite au bois d'Odomez, grimpa au chêne, attacha la corde, &, sans lever les yeux — pour être bien sûr de n'en point revenir, — il s'élança la corde au cou. La corde se rompit net & le pendu tomba dans les bras du chasseur vert.

« Veux-tu bien me lâcher, maudit impofteur? s'écria Cambrinus d'une voix étranglée. Comment! on ne pourra même point se pendre à son aise! »

Belzébuth éclata de rire.

« J'ai voulu voir, dit-il, jusqu'où irait la conftance d'un bon Flamand. Et maintenant, pour la peine, je vais te guérir. Tiens, regarde ! »

Tout à coup les arbres s'écartèrent à droite & à gauche, de façon à laisser un large carré vide, & Cambrinus vit s'y aligner de longues files de grandes perches en bois de châtaignier, où s'enroulaient de frêles plantes qui portaient des clochettes vertes & odoriférantes.

Une partie des échalas étaient couchés à terre & trois à quatre cents femmes accroupies semblaient éplucher une immense salade. Cette étrange forêt était bornée par un vafte bâtiment en briques.

« Qu'eft ceci, myn God ? s'écria le Fresnois.

— Ceci, mon brave homme, eft une houblonnière, & la maison que tu vois là-bas une brasserie. La fleur de cette plante va te guérir du mal d'amour. Suis-moi. »

Belzébuth le conduisit dans le bâtiment. Il y avait des cuves énormes, des fourneaux, des tonnes & des chaudières pleines d'une liqueur blonde & d'où s'exhalait un âcre parfum. Des hommes en tabliers bleus y accomplissaient une besogne étrange.

« C'eft avec l'orge & le houblon, lui dit Belzébuth, qu'à l'exemple de ces hommes tu fabriqueras le vin flamand, autrement dit la bière. Quand la meule aura broyé l'orge, tu la brasseras dans cette grande cuve, d'où le vin d'orge passera dans ces vastes chaudières pour s'y marier au houblon. La fleur du houblon donnera la saveur & le parfum au vin d'orge. Grâce à la plante sacrée, la bière, pareille au jus de la vigne, pourra vieillir dans les tonneaux. Elle en sortira blonde comme la topaze ou brune comme l'onyx, & fera des bons Flamands autant de dieux sur la terre. Tiens, bois ! »

Et Belzébuth tira d'un des tonneaux un grand broc de bière écumante. Cambrinus obéit & fit la grimace.

« Bois encore, encore ! »

L'autre but, rebut & sentit une sorte de calme descendre peu à peu dans ses sens.

« N'es-tu pas heureux comme un dieu ?

— Si fait, messire, sauf qu'il me manque le suprême plaisir des dieux.

— Et lequel ?

— La vengeance ! Les gens de Fresnes n'ont point voulu danser jadis au son de ma viole. Donnez-moi un instrument qui les fasse sauter à ma volonté.

— Écoute, en ce cas. »

En ce moment, neuf coups sonnèrent au clocher de Vieux-Condé.

« Eh bien ? fit Cambrinus.

— Tais-toi & écoute encore. »

Le clocher de Fresnes répéta la sonnerie, puis celui de Condé, puis celui de Bruille.

« Après? dit encore le Fresnois.

— Tu me demandes un inſtrument qui force à danser. Le voilà tout trouvé. As-tu remarqué que ces cloches ont chacune leur son particulier? Réunis-en plusieurs, accorde-les, mets la sonnerie en branle au moyen de deux claviers, l'un de touches & l'autre de pédales, tu auras ainsi le plus joli carillon...

— Carillon! C'eſt le nom dont je baptiserai ce merveilleux inſtrument, s'écria Cambrinus. Merci, mon bon Belzébuth, &... adieu!

— Non. Au revoir!... dans trente ans... &, comme j'aime les affaires en règle, tu vas me faire la grâce de signer ce papier d'une goutte de ton sang. »

Il lui présenta une plume & un parchemin couvert de caractères cabaliſtiques. Le Fresnois se piqua le bout du doigt & signa. Aussitôt la houblonnière, la brasserie & Belzébuth, tout disparut.

IV

En retournant à Fresnes, Cambrinus avisa une terre riche et profonde, à l'abri du vent. Il l'acheta & y planta du houblon. Il fit bâtir, en outre, sur la place même du village, une immense brasserie, en tout semblable à celle que lui avait montrée Belzébuth. Il la couronna d'un beffroi qui avait la forme d'une gigantesque canette, surmontée d'une pinte & d'un canon renversés que terminait un coq doré.

Si un étranger était venu dans le pays exécuter ces bizarres travaux, on se fût bien gardé d'en rire, mais le bâtisseur étant né à Fresnes, on le crut fou, comme de raison, & on recommença de se moquer de lui.

Il n'y prit garde, manda des mécaniciens & des fondeurs de cloches, & fit marcher de front l'établissement du carillon & celui de la brasserie.

Quand tout fut terminé, il fabriqua deux grands brassins, l'un de bière blanche, l'autre de bière brune, &, un dimanche matin, à l'issue de la messe, il invita les gens à boire un coup.

« Pouah ! que c'eſt amer ! dit l'un.
— C'eſt affreux ! dit un autre.
— Déteſtable ! ajouta un troisième.
— Abominable ! » conclut un quatrième.
Cambrinus souriait dans sa barbe.
L'après-midi, il fit disposer de longues tables tout autour de la place. Sur ces tables des pots & des verres pleins de bière brune attendaient les buveurs. Quand les Fresnois sortirent des vêpres, le brasseur les engagea de nouveau à se rafraîchir. Ils refusèrent.

« Vous ne voulez pas boire, mes gars, pensa Cambrinus, eh bien ! vous allez danser ! » Et il monta à son beffroi.

« Dig, din, don, » fit le carillon.

Soudain, ô prodige ! Aux premiers coups des cloches, hommes, femmes, enfants, tous s'arrêtèrent court, comme s'ils se préparaient à danser.

« Digue, digue, din. »

Tous levèrent les jambes, & le mayeur lui-même secoua les cendres de sa pipe et se redressa.

« Dig, din, don, digue, digue, don. »

Tous sautèrent en cadence, & le mayeur & le garde-champêtre sautèrent plus haut que les autres.

Cambrinus alors s'arrêta, puis il attaqua l'air :

Band' de gueux, voulez-vous danser ?

Les jeunes, les vieux, les gras, les maigres, les grands & les petits, les droits, les tortus, les bancals, les boiteux recommencèrent à danser de plus belle; jusqu'aux chiens se dressaient sur leurs pattes de derrière pour danser aussi. Une charrette passa : le charretier, le cheval & la charrette entrèrent en danse. On dansait sur la place, dans les rues, dans les ruelles, aussi loin que s'entendait le carillon; &, sur la route, les gens de Condé qui venaient à Fresnes dansaient sans savoir pourquoi ni comment. Tout dansait dans les maisons : les hommes, les animaux & les meubles. Les vieillards dansaient au coin du feu, les malades dans leurs lits; les chevaux dansaient dans l'écurie, les vaches dans l'étable, les poules dans le poulailler; & les tables dansaient, les chaises, les armoires & les dressoirs; & les maisons se mirent elles-mêmes à danser, & la brasserie dansait & l'église; & la tour où carillonnait Cambrinus faisait vis-à-vis avec le clocher, en se donnant des grâces. Jamais, depuis que le monde eſt monde, on n'avait vu un pareil branle-gai!

Au bout d'une heure de cet exercice, les Fresnois étaient en nage. Haletants, épuisés, ils crièrent au carillonneur :

« Arrête! arrête! Nous n'en pouvons plus!

— Non, non. Dansez, » répondait le carillonneur, & plus il carillonnait, plus les danseurs bondissaient. Leurs têtes s'entrechoquaient, & la foule commençait de gémir piteusement.

« A boire ! à boire ! » crièrent-ils enfin.

Le carillonneur cessa de carillonner, & les hommes, les femmes, les enfants, les animaux & les maisons cessèrent de danser. Danseurs & danseuses se précipitèrent sur les pots qui, chose étonnante, avaient sauté avec les tables sans répandre une seule goutte de bière.

Ainsi mis en goût, les Fresnois ne trouvèrent plus la nouvelle liqueur détestable, au contraire.

Après qu'ils en eurent vidé chacun trois ou quatre pintes, ils demandèrent eux-mêmes à Cambrinus de faire aller sa musique, & ils dansèrent ainsi toute la soirée & une partie de la nuit.

Le lendemain & les jours suivants, le bruit s'en répandit, & on vint de toutes parts à Fresnes pour boire de la bière & danser au carillon.

Une foule de carillons, d'horloges à musique, de brasseries, de tavernes, de cabarets & d'estaminets s'établirent bientôt à Fresnes, à Condé, à Valenciennes, à Lille, à Dunkerque, à Mons, à Tournay, à Bruges, à Louvain & à Bruxelles.

Comme une marraine qui jette des dragées, le carillon secoua dans l'air son tablier d'argent plein de notes magiques, & le vin d'orge coula à flots d'or dans les Pays-Bas, en Hollande, en Allemagne, en Angleterre & en Écosse.

On y but la bière brune, la bière blanche, la double bière, le lambic, le faro, la pale-ale, la scoth-ale, le porter & le ſtout, sans oublier la cervoise; toutefois, le carillon de Fresnes reſta le seul carillon enchanté, la bière de Fresnes, la meilleure bière, et les Fresnois, les premiers buveurs du monde.

Des concours de francs buveurs eurent lieu, comme les concours de pinsons dans tous les Pays-Bas; mais ce n'eſt qu'à Fresnes qu'on trouva de gentils buveurs, capables d'absorber une centaine de pintes en un jour de kermesse & douze chopes pendant que sonnent à l'horloge de l'église les douze coups de midi.

Pour récompenser dignement l'inventeur, le roi des Pays-Bas le fit duc de Brabant, comte de Flandre & seigneur de Fresnes. C'eſt alors que le nouveau duc fonda la ville de Cambrai; mais le titre qu'il préféra à tout autre fut celui de « roi de la bière » que lui décernèrent les gens du pays.

Il ne tarda point, du reste, à éprouver les généreux effets de la brune liqueur. D'abord il vida tous les soirs ses deux canettes. Au bout de six mois de ce régime, son délire amoureux se calma, la figure de Flandrine lui apparut moins nette & moins railleuse. Lorsqu'il put contenir ses douze pintes, il ne sentit plus en lui qu'une rêverie vague & indéfinissable.

Le soir où il alla jusqu'à vingt, il tomba dans une sorte de somnolence qui n'était point sans charme, & oublia tout à fait Flandrine. En peu de temps, son visage rouvelême rivalisa avec la pleine lune : il devint très-gras & fut parfaitement heureux.

Quand Flandrine vit que le seigneur de Fresnes ne songeait point à réclamer sa main, ce fut elle qui vint tourner autour de lui; mais, comme il rêvait, les yeux à demi clos, il ne la reconnut point & lui offrit une pinte.

Le roi de la bière était d'ailleurs un brave homme de roi, qui mettait son bonheur à fumer sa pipe & à boire sa chope à la même table que ses sujets. Ses sujets imitèrent tous son exemple, & c'eſt depuis lors que, fumeurs mélancoliques, ventres en outre & nez en fleur, les bons Flamands passent leur vie à vider des pintes, sans dire du mal de personne & sans songer à rien.

V

Cependant les trente ans étaient révolus & Belzébuth songea à réclamer l'âme de Cambrinus. Le diable ne va pas toujours toucher ses dettes en personne. Ainsi que les créanciers d'en haut, il envoie quelquefois un huissier.

D'un autre côté, comme le monde, en vieillissant, devient pire & donne plus de besogne à ceux d'en bas, Belzébuth, afin d'y suffire, est obligé, de temps à autre, de faire des recrues.

Pour renforcer son personnel, il choisit, parmi les nouveaux venus, les braves gens qui sur la terre lui ont plus particulièrement ressemblé.

Le juge qui avait autrefois condamné Cambrinus eut ainsi la gloire de passer diable, &, en souvenir de ses anciennes fonctions, Belzébuth résolut de l'élever au rang d'huissier infernal.

« Approche, face de singe, lui dit-il un matin. Le moment est venu de te signaler par de nouveaux exploits. Tu vas te rendre au village de Fresnes, & là, tu réclameras en mon nom l'âme de Cambrinus, roi de la bière. Voici le titre.

— *Su... Sufficit, Do... Domine,* » répondit Jocko. Et il prit sur-le-champ la route de Fresnes. Il y arriva le dimanche même de la ducasse.

Le roi de la bière était justement monté à sa tour. Il vit venir de loin l'émissaire de Belzébuth, le reconnut & se douta de ce qui l'amenait.

VI

Il était environ six heures, & les gens sortaient de table, ayant bu & mangé depuis midi. Les uns se répandaient dans les cabarets pour digérer en fumant une pipe. D'autres jouaient aux quilles ou au corbeau, ou bien encore au bricotiau.

L'envoyé de Belzébuth s'adressa à un cercle de buveurs assis devant la porte de l'eftaminet du *Grand-Saint-Laurent*, patron des verriers.

« Pou... pourriez-vous me dire où eft Cam... Cambrinus?

— Tiens! c'eft vous, mon... monsieur le juge, dit, en le contrefaisant, un verrier nommé Cobiotte. Je... je vous croyais mort.

— Je... je suis mort en effet, répondit Jocko; mais... c'eft égal. Je vou... voudrais parler à Cam... brinus. »

A ce moment, dig, din, don! une gerbe de notes éclata dans les airs comme une fusée, puis le carillon se mit à jouer :

Bonjour, mon ami Vincent,
La santé, comment va-t-elle?

Aussitôt le juge de sauter comme un gigantesque pantin.

« Qué... qué... qu'eſt-ce que j'ai donc? » disait-il, & rien n'était bouffon comme la mine furieuse avec laquelle il gigottait.

Tous les Fresnois s'attroupèrent en se tenant les côtes de rire.

Ah! c' cadet-là quel nez qu'il a!

joua alors le carillon, & deux cents voix chantèrent en chœur :

Ah! c' cadet-là quel nez qu'il a!

tant que le danseur tomba par terre, épuisé & hors d'haleine. Le carillon se tut.

Comme Jocko se plaignait d'une soif horrible, on lui apporta une chope de bière qu'il vida d'un trait.

Ayant toujours aimé à hausser le coude, il en but une seconde, puis une troisième, puis une foule d'autres avec ses bons amis les Fresnois.

A force de boire, il oublia complétement sa mission, & quand, vers la cinquantième chope, les têtes s'échauffèrent & que les houblons commencèrent, comme on dit chez nous, à dépasser les perches, il fut saisi tout à coup d'un accès de gaieté folle.

Il se leva, prit les pots, les canettes & les verres, jeta tout sur le pavé, renversa la table & le couvet par là-dessus, puis se mit à danser de lui-même, en réclamant la musique à grands cris.

Les Fresnois coururent tous derrière lui à la queue leu leu : il fit plusieurs fois le tour de la place sur l'air de *la Codaqui* & emmena la bande hors du village, à un quart de lieue de là.

Il tomba enfin sur la route, rendu de fatigue & tout à fait hors de combat. On le coucha contre une meule de foin, & il y dormit trois jours & trois nuits sans débrider.

Lorsqu'il se réveilla, il fut si honteux qu'il n'osa ni retourner à Fresnes, ni rentrer en enfer. Ne sachant où aller, il avisa une bourse vide qu'un pauvre homme tendait aux passants. Il y entra & s'y cacha si bien qu'il y eſt encore.

Et de là vient qu'on dit en commun proverbe d'un homme sans le sou, qu'il loge le diable dans sa bourse.

VII

Le seigneur de Fresnes continua de carillonner & de brasser de la bière jusqu'à près de cent ans, sans autres nouvelles de l'enfer. Comme il eſt convenu que le diable ne perd jamais rien, Belzébuth espérait repincer l'âme du duc de Brabant au jour de sa mort; mais quand vint le moment suprême, à la place de son débiteur, il ne trouva qu'un tonneau de bière : il fut bien attrapé.

Eſt-ce par un effet du breuvage d'oubli, ou bien Belzébuth voulut-il se venger du tour que lui avait joué Cambrinus? Le souvenir du roi de la bière ne tarda point à se perdre à Fresnes & dans tous les Pays-Bas.

Les Douaisiens célèbrent encore aujourd'hui la fête de leur vieux Gayant, mais il y a beau temps qu'à Cambrai on ne promène plus le géant d'osier qui représentait Cambrinus, le royal fondateur de la ville.

C'eſt chez les Prussiens que s'eſt conservée la mémoire du Bacchus du houblon. Là, dans chaque taverne, vous verrez appendue, à la place d'honneur, une magnifique image qui représente, assis sur un tonneau, un brave chevalier revêtu d'un manteau de pourpre doublé d'hermine. La main gauche s'appuie sur une couronne & une épée; la droite élève triomphalement une chope de bière écumante.

C'eſt bien Cambrinus, le roi de la bière, tel qu'il était de son vivant, avec sa belle figure rouvelême, ses longs cheveux dorés & sa longue barbe d'or.

Les étudiants nomment chaque année *bier-kœnig* le plus franc buveur d'entre eux, & seul il a droit à cet insigne honneur de s'asseoir sous le portrait du monarque mousseux.

Les gens de Fresnes seront bien étonnés quand ils liront cette véridique hiftoire. De même qu'ils n'ont pas cru jadis au génie de Cambrinus, ils ne croiront point aujourd'hui à sa gloire, & quand celui qui a écrit ces lignes ira boire une pinte à la ducasse de Fresnes, on ne se gênera mie pour le traiter d'impofteur : tant il eft vrai que nul n'eft prophète en son pays!

Le Compère de la Mort

I

u temps jadis, il y avait un gros censier nommé Jean-Philippe, qui demeurait au hameau du Chêne-Raoult, à quatre portées de fronde de Condé-sur-l'Escaut.

Il ne faut point confondre le Chêne-Raoult avec la Queue-de-l'Agache : tous les deux dépendent de Macou, mais l'un eſt à gauche & l'autre à droite de la grand'route de Gand.

Jean-Philippe avait une femme et douze gars, forts comme des attaches de moulin; lui-même, quoique grisonnant, était encore aussi droit qu'un peuplier.

Or, il arriva que, pour ses étrennes, sa femme lui fit cadeau d'un treizième garçon qui ne promettait point de ressembler à ses frères.

« Tu es maigrelot comme un chat de mai, mon pauvre petit, dit Jean-Philippe, &, de plus, tu as le numéro treize, qui eſt un mauvais numéro. Tu n'as pas de chance, mais je sais un bon moyen de conjurer le sort, c'eſt de te donner un homme juſte pour parrain. Il ne sera point malaisé de le trouver parmi les voisins. »

Jean-Philippe les passa tous en revue : par malheur l'un avait essayé de lui voler six verges de terre, un autre lui avait tué ses poules, un troisième trichait en jouant aux cartes, le dimanche après vêpres, au cabaret du *Coq-Hardi*.

« Bah! j'en dénicherai bien un à Macou! » se dit Jean-Philippe. Il pesa dans sa balance les gens de Macou, puis de Condé, & les rejeta tous, qui pour une raison, qui pour une autre. M. le juge de paix & M. le curé de Condé lui-même ne trouvèrent point grâce à ses yeux.

En ce temps-là, M. le juge de paix, pour aller plus vite, apportait à l'audience ses jugements tout faits; &, au catéchisme, M. le curé maintenait à la première place le fils de M. le bourgmeſtre, qui, sauf votre respect, était un âne.

Le gros censier se gratta la tête :

« Ce n'eſt point aussi facile que je le croyais, se dit-il; tenons conseil. »

Il réunit sa femme & ses fils, & leur exposa le cas.

Après mûre délibération, il fut décidé que, puisqu'on n'avait pu découvrir un homme juſte en Flandre, on irait en chercher un en Belgique.

Les Belges, qui sont gens de commerce, parlent trop souvent d'honnêteté & de juſtice pour n'en point avoir bonne provision.

Le lendemain donc, de grand matin, Jean-Philippe boucla ses guêtres, prit sa crosse & se mit en route. Il marcha trois jours & trois nuits, s'enquérant partout ; mais nulle part il ne rencontra la juſtice : il n'en vit que l'apparence.

Les Belges les plus délicats avaient tous quelque peccadille sur la conscience. Peut-être aussi Jean-Philippe était-il trop difficile.

Enfin, il arriva dans la ville de Bruxelles en Brabant. Comme il se promenait par les rues, il avisa une grande & belle maison sur laquelle ces mots étaient écrits : *Palais de Juſtice*. Jean-Philippe remercia le ciel de savoir lire & sentit son cœur soulagé.

« Je n'ai point perdu mes pas, se dit-il. Il ne faut mie se demander si le maître de céans eſt un homme juſte. Entrons. »

Il entra & vit beaucoup de monde rassemblé dans une vaste salle.

Au fond étaient assis en demi-cercle plusieurs personnages à l'air grave, vêtus de longues robes noires & coiffés de toques. En face d'eux, un vieil homme à grande barbe se promenait de long en large, comme un ours en cage.

Tout à coup, celui qui semblait être le président, vu qu'il avait un galon d'argent à son bonnet, dit à voix haute : « L'audience est ouverte. Gendarmes, faites asseoir l'accusé, savez-vous. »

Les gendarmes voulurent obéir, mais comme poussé par une force supérieure, l'homme les renversa par terre & continua sa promenade. Les gendarmes se tinrent prudemment à l'écart.

« Votre nom ? » dit le président.

L'accusé, d'une voix chevrotante, répondit sur un air bien connu :

> « Isaac Laquedem
> Pour nom me fut donné.
> Né à Jérusalem,
> Ville bien renommée,
> Oui, c'est moi, mes enfants,
> Qui suis le Juif errant.

— Votre âge ?

> — La vieillesse me gêne,
> J'ai bien dix-huit cents ans ;
> Chose sûre & certaine,

>   Je passe encore douze ans :
>   J'avais douze ans passés
>   Quand Jésus-Chriſt eſt né.

— Quels sont vos moyens d'exiſtence?

>   — Je n'ai point de ressource,
>   En maison ni en bien ;
>   J'ai cinq sous dans ma bourse,
>   Voilà tout mon moyen ;
>   En tout lieu, en tout temps
>   J'en ai toujours autant.

— Vous avez été trouvé cette nuit en état de vagabondage. Qu'avez-vous à dire pour votre défense ?

>   — Messieurs, je vous proteſte
>   Que j'ai bien du malheur ;
>   Jamais je ne m'arrête,
>   Ni ici, ni ailleurs :
>   Par beau ou mauvais temps
>   Je marche incessamment.

— C'eſt tout ce que vous avez à répondre ?... Gendarmes, conduisez-le en prison, savez-vous. »

L'éternel marcheur suivit les gendarmes, en souriant dans sa grande barbe.

Jean-Philippe s'éloigna tout songeur.

« Voilà donc comme on rend la juſtice dans son palais! se dit-il. Dieu a condamné cet homme à marcher jusqu'au jugement dernier & on le condamne à s'arrêter. On met les lois humaines au-dessus de la loi divine. Non, ce n'eft point dans le Palais de Juftice de Bruxelles que je pourrai trouver mon homme ! »

Il sortit de la ville. Le soir tombait. Jean-Philippe entendit des pas derrière lui. Il se retourna, &, à la rapidité de la marche, il reconnut le Juif errant. Il s'approcha de lui & dit :

« Bon homme ! vous qui marchez depuis dix-huit cents ans, n'avez-vous jamais rencontré un homme jufte ?

— Je n'en ai jamais rencontré qu'un seul, répondit Isaac, & on l'a crucifié. Encore cet homme était-il un Dieu ! »

II

Il n'y avait donc jamais eu un seul homme jufte sous le ciel ! Jean-Philippe était désolé. Il reprit le chemin du Chêne-Raoult.

Vers minuit, à l'entrée de la forêt de Baudour, il éprouva le besoin de fumer une pipe. Il chercha sa blague : elle avait disparu. C'était une belle blague en cuivre jaune, comme son étui, & dont il se servait depuis plus de trente ans.

Le censier se rappela qu'au Palais de Juftice, il

avait cru sentir une main furtive se glisser dans sa poche. Il comprit pourquoi la Juſtice avait une si grande maison : elle ne devait point y chômer de besogne.

Par bonheur, il vit venir à lui un homme qui, au clair des étoiles, lui parut haut comme une perche à houblon. Cet homme portait une faux aussi longue que sa personne. Jean-Philippe l'arrêta :

« Qui que vous soyez, l'homme de Dieu, lui dit-il, ne pourriez-vous me faire l'amitié d'une pipe de tabac? On m'a volé ma blague dans le Palais de Juſtice de Bruxelles. »

Le faucheur, sans mot dire, tira sa blague & la présenta à Jean-Philippe. Le gros censier bourra sa pipe & battit le briquet. Ce faisant, il eut le temps d'examiner l'inconnu.

Le crâne chauve & luisant, les yeux petits & enfoncés sous l'orbite, le nez plat, la bouche démesurément grande & garnie de quelques dents jaunes, les joues creuses, la peau desséchée, on eût dit un squelette échappé du cimetière. L'étranger paraissait encore plus vieux que le Juif errant, &, à chacun de ses mouvements, ses membres rendaient un bruit sec & semblable au claquement des chandelles de bois que le vent ballotte à la montre des épiciers.

« Merci, grand-père, lui dit Jean-Philippe en

lui rendant sa blague. M'eſt avis que les faucheurs ne gagnent point gros par ici.

— Pourquoi ça?

— Parce qu'à vous voir on dirait qu'ils ne mangent mie tout leur soûl. Vous voilà maigre comme un chapon de rente. Soignez-vous, c'eſt moi qui vous le conseille, ou vous ne ferez point de vieux os.

— Sois sans inquiétude, fieu : mes os enterreront les tiens. »

Et les petits yeux du vieillard pétillèrent comme une pincée de sel dans le feu. Il reprit :

« Que fais-tu par ici à cette heure?

— Ma femme m'a étrenné d'un treizième garçon, & le pauvre culot eſt gros comme une ablette. Voulant conjurer le mauvais sort, je me suis mis en idée de lui chercher un homme juſte pour parrain... Voilà trois jours & trois nuits que je marche...

— Et tu n'as rien trouvé?

— Rien. Je n'aurais jamais cru que le compère fût si rare. »

L'inconnu fit une grimace qui avait l'air d'un sourire.

« Veux-tu de moi?

— Toi!... Eſt-ce que tu serais un homme juſte?... Au fait, tu es bien assez maigre pour cela. Comment t'appelles-tu?

— Je m'appelle la Mort.

— La Mort!... Diable!... Ainsi, c'eſt vous qui?...

— Oui, fieu, c'eſt moi qui...

— Ah!... Eh bien! vous avez raison. La Mort eſt juſte. Sa faux moissonne indiſtinctement le riche & le pauvre. Tope, compère, & nous boirons canette. Je vous promets un baptême qui sera digne du parrain.

— A quand le baptême?

— A dimanche, au Chêne-Raoult, à quatre portées de crosse de Condé. Vous demanderez Jean-Philippe, le gros censier.

— C'eſt dit. Bonsoir, compère.

— Bonne nuit, la Mort. »

Les nouveaux amis se séparèrent.

III

Jean-Philippe rentra, le cœur & le pied légers, au Chêne-Raoult.

« Femme, dit-il à la censière, j'ai trouvé un fameux parrain, & s'il protége notre petit fieu, le gars ne mourra point en nourrice. » Comme les femmes s'effrayent de tout, il ne s'expliqua point davantage.

Au jour convenu, pour faire fête à son compère, Jean-Philippe mit sa culotte de velours vert-bouteille, ses souliers à boucles d'argent & sa vefte de bouracan. Sa femme, ses fils, ainsi que la marraine, avaient aussi revêtu leurs habits de gala.

Le parrain arriva paré d'une grande houppelande qui flottait autour de sa personne comme une voile le long d'un mât, lorsque le vent vient à choir. Il fut généralement trouvé maigre, mais on avoua qu'il avait l'air cossu.

Le baptême se fit à Condé, — car, à cette époque, il n'y avait point encore de chapelle à Macou, — & grand-père Jacob joua l'air du *Roi Dagobert* sur le carillon de la collégiale.

Le dîner, servi par madame Jean-Philippe, fut si splendide qu'on s'en souvient encore dans le pays. La censière avait tué son cochon pour cette solennité.

Elle mit d'abord sur la table une soupe au petit salé, si épaisse que la cuiller s'y tenait debout; puis, comme hors-d'œuvre, elle apporta des saucisses, du boudin, du saucisson & des andouilles. Les entrées confiftaient en côtelettes de cochon, pieds de cochon panés & rognons de cochon sautés. Pour le deuxième service, on vit apparaître une épinée de cochon, & un rôti d'ôsons... je veux dire d'oisons d'Hergnies, farci de chair à saucisses

& flanqué de deux canards ; puis un plat de choux de Bruxelles au lard & une purée de haricots au lard. Au milieu de la table se prélassait un superbe cochon de lait.

Le tout fut arrosé d'un nombre incalculable de pots de vieille bière brune. Au dessert, pour varier, on but un brassin de bière blanche. Le dessert offrait un beau coup d'œil. On y voyait une énorme goyère & une tarte aux pommes large comme la lune : toutes deux accompagnées d'assiettes de cailloux de cauchie, de couques sucrées & de carrés de Lille.

C'était le dimanche de l'Épiphanie, & la veille, au marché de Condé, madame Jean-Philippe avait acheté chez Rousseli pour un sou de billets de Rois. On fit donc d'une pierre deux coups : après le bénédicité, on mêla les billets dans le chapeau du parrain, & on tira les Rois.

C'eſt la Mort qui fut le roi, & Jean-Philippe le fou. On cria : « Roi boit ! » chaque fois que la Mort vida son verre.

Il fut crié, tout compte fait, cent quatre-vingt-dix-neuf fois.

C'était plaisir de voir manger la Mort. Il mangeait autant à lui seul que ses quinze convives, tous Flamands. Jean-Philippe se frottait les mains d'aise & pensait tout bas qu'on n'a mie tort de dire que la Mort engloutit tout. Il ne pouvait pourtant s'empêcher d'envier un peu son appétit.

Quand on en vint au café, sa gaieté fut au comble, &, d'une voix aussi forte que la voix d'un bœuf, il chanta *la Flûte à Mathurin* avec une fausseté remarquable. Il aurait volontiers tapé sur le ventre de son compère, mais par malheur son compère n'avait point de ventre.

Comme il n'eſt si belle fête qui ne finisse, à dix heures du soir, lorsque le couvre-feu sonna à Condé, on but le verre de l'étrier, &, après avoir embrassé sa commère & fait risette à son filleul, la Mort prit congé de la famille. Jean-Philippe voulut reconduire son compère un bout de chemin. Ils partirent bras dessus, bras dessous, en chantonnant.

De temps en temps on s'arrêtait pour réciter une prière, comme on dit chez nous, dans les chapelles de la route, ce qui signifie pour boire une pinte & allumer une pipe dans les cabarets où l'on voyait de la lumière.

Les chapelles brillaient dans la nuit aussi nombreuses que les étoiles, car tout le monde tirait les Rois, y compris les gardes champêtres.

« Ah çà! compère, dit le gros censier en devisant de choses & d'autres, vous devez avoir une rude besogne tout de même, & votre métier eſt plus dur que celui de fermier. Je ne m'étonne plus que vous soyez si maigre, bien que vous mangiez dru. Combien fauchez-vous de têtes par jour, en moyenne?

— En moyenne, soixante mille.

— Et combien en avez-vous fauché ce matin?

— Pas une.

— Eh bien! voilà soixante mille chrétiens qui me doivent une fière chandelle.

— Oh! fieu, je n'avais point d'ouvrage aujourd'hui! J'ai comme cela trois ou quatre jours de chômage par an.

— Mais comment pouvez-vous savoir quand sonne l'heure de chaque mortel?

— Viens jusque chez nous; tu le verras de tes yeux.

— Chez vous! oh! c'eſt trop loin.

— Nous n'en sommes plus qu'à trois portées de flèche. »

Ils approchaient, en effet, de la forêt de Baudour. De chapelle en chapelle, Jean-Philippe avait marché six heures sans s'en douter. Il s'aperçut qu'il chancelait un peu, quand on arriva à la maison du parrain.

IV

La maison du parrain était une pauvre hutte où l'on voyait, pour tout ornement, la grande faux qui, aux rayons de la lune, luisait comme une faux d'argent.

« Pour un maître ouvrier tel que vous, dit le gros censier, il faut avouer que vous n'êtes point très-bien logé.

— Bah! ce n'eſt mie l'habit qui fait le moine, ni le pot qui fait la bière! lui dit la Mort; & d'ailleurs je suis garçon. Descendons. »

Il prit sa faux, son marteau, sa pierre & souleva une trappe. Jean-Philippe le suivit. Ils descendirent, descendirent, descendirent tant, qu'il sembla au gros censier qu'ils étaient parvenus au centre du monde.

L'escalier était très-roide & fort obscur, & Jean-Philippe manqua plusieurs fois d'haleine; mais la curiosité le soutint.

Ils s'arrêtèrent enfin devant une porte de fer. La Mort prit une grosse clef à sa ceinture & l'ouvrit. Soudain ils furent inondés de lumière. Jean-Philippe, ébloui, ferma les yeux. Lorsqu'il les rouvrit, il vit devant lui une longue enfilade d'immenses galeries où brillaient des milliards de lampes.

Il y avait des lampes d'or, des lampes de vermeil, des lampes d'argent, des lampes de cuivre, des lampes d'airain, des lampes de blanc fer ; bref, des lampes de tout métal, depuis le plus précieux jusqu'au plus vil.

Elles étaient pendues à la voûte, accrochées aux murs, étagées sur des gradins de porphyre, &, chose singulière, leurs clartés ne se confondaient point : on diftinguait sans peine le rayonnement de chaque lampe.

« Qu'eft-ce que cela, Jésus, myn God? fit Jean-Philippe.

— Tu vois les lampes de tous les mortels. Ceci eft le grand lampadaire de la vie. Quand une de ces lumières vient à mourir, c'eft qu'un être doit s'éteindre là-haut.

— Ah ! que c'eft curieux ! Ainsi les lampes d'or ?...

— Sont les lampes des rois ; les lampes de vermeil, des princes ; les lampes d'argent, des ducs ; les lampes de cuivre, des comtes ; & ainsi de suite jusqu'aux lampes de fer, qui sont les lampes du menu peuple. »

Le gros censier se promena quelque temps avec ravissement. Il remarqua les lampes de plusieurs très-hauts & très-orgueilleux seigneurs qu'on aurait crues pleines d'huile & dont les lumignons commençaient à rougir. En général, c'étaient les plus riches qui donnaient le moins de clarté.

Celle de toutes qui, sans contredit, brillait de l'éclat le plus vif, était un vieux & misérable crasset de forme antique. Jean-Philippe reconnut la lampe d'Isaac Laquedem.

Quand ses yeux eurent assez joui de ce spectacle :

« Mon compère, dit-il, je voudrais bien voir les lampes des gens du Chêne-Raoult.

— Première galerie, troisième section, à gauche. »

Et la Mort se mit à rabattre sa faux.

Les coups de marteau se succédaient en cadence, &, de temps à autre, une exclamation de surprise ou un éclat de rire retentissait dans la première galerie. C'était le résultat des découvertes de Jean-Philippe. Soudain il reparut tout effaré.

« Compère, fit-il myſtérieusement, je viens vous prévenir que ma lampe baisse.

— Je le sais bien, fieu, dit la Mort sans se déranger.

— Ah!... fit le gros censier, surpris de sa tranquillité. C'eſt-il un signe que je vais bientôt?...

— Parbleu !

— Mais ce n'eft point pour moi que vous ?...

— Si, fieu. »

Et la Mort continua de rabattre sa faux.

« Diable !... » fit Jean-Philippe. Il poussa le faucheur du coude, &, en clignant de l'œil, lui glissa ces mots dans l'oreille :

« Dites donc, mon compère, eft-ce que nous ne pourrions mie, là, entre nous, y remettre un peu d'huile ? Ça me rendrait un fier service.

— Y remettre de l'huile ! Qu'eft-ce que tu me demandes là ?

— Bah ! nous sommes seuls, & le bon Dieu n'y verra que du feu.

— Pour qui me prends-tu ? Dis tes patenôtres, fieu.

— Entre amis !

— Amis tant que tu voudras, mais dis tes patenôtres.

— Rien qu'un tout petit peu !

— Allons, pas tant de contes !

— Je ne demande qu'à aller jusqu'au mercredi des cendres : hiftoire de faire carnaval ensemble. Je vous invite pour le mardi gras. Vous verrez quelle noce ! nous boirons plus de deux cents chopes chacun. Nous nous masquerons en bossus & nous irons nous faire sabouler à Condé.

— Voilà que j'ai fini ; je t'en préviens.

— Si peu que point !... Vous en prendrez dans la grosse lampe de M. le curé de Condé, qui déborde & qui luit si mal.

— Désolé, mon camarade, mais ça m'eſt impossible.

— Qu'eſt-ce que ça peut vous faire ? M. le curé eſt un saint homme, il n'en ira qu'un peu plus vite en paradis !

— Non, fieu, non, il faut sauter le pas. Quand tu étais en quête d'un homme juſte, personne, — pas même le juge de paix de Condé, — n'avait, à tes yeux, la conscience assez nette ; & tu n'a pas plus tôt trouvé ton homme que tu veux le corrompre en lui payant des chopes. Tu es encore un drôle de chrétien, toi ! »

Jean-Philippe allait répondre, mais tout à coup on entendit un pétillement dans la première galerie.

Sa lampe s'était éteinte.

L'Hôtellerie
des Sept Péchés Capitaux

u temps jadis, il advint une fois que les Sept Péchés Capitaux allèrent de compagnie rendre leurs devoirs à messire Satanas, leur compère. Chemin faisant, les pèlerins menèrent si joyeuse vie qu'au retour l'idée leur vint de ne plus se quitter.

Comme d'aventure ils passaient alors sur la place de Lille en Flandre, ils entrèrent, pour en deviser à l'aise, dans l'eftaminet de la Grand'Pinte & s'assirent en rond autour d'un pot de bière brune.

« Mes enfants, dit l'Orgueil en bourrant sa

pipe, — car je suis votre père, de même que madame la Pareſſe eſt votre mère, — je veux bien condescendre à ce que désormais nous fassions ménage ensemble, mais en ce cas il eſt bon de choisir sur-le-champ notre demeure. D'abord il me paraît que des gens de notre rang ne doivent point se loger à l'auberge comme une troupe de saltimbanques.

— D'autant plus que cela nous coûterait de l'argent, remarqua judicieusement l'Avarice.

— Et qu'il faudrait prendre la peine d'en gagner, ajouta la Pareſſe.

— Donc, choisissons, reprit l'Orgueil, une honnête maison où l'on puisse nous héberger gratuitement, & avec toute la considération qu'on doit à des personnes de notre condition.

— Par la double bière des Pays-Bas! s'écria la Gourmandise, voici juſtement M. le bourgmeſtre qui vient digérer en fumant sa pipe. Si nous lui demandions l'hospitalité? M'eſt avis que nous serons royalement chez lui, à en juger par sa panse.

— Parlez pour vous, ma belle, siffla l'Envie. Quel contentement voulez-vous que j'aie chez un mynherr qui eſt le plus gros bonnet de l'endroit & qui voit tout le monde à ses pieds? Suivons plutôt ce bon paysan dont les os carillonnent sous sa jaquette & qui louche en regardant de ce côté.

— Un joli hôte, ma foi! vociféra la Colère. Un

gueux dont la misère a usé l'âme jusqu'à la corde & qui ose à peine remuer quand on l'écrase ! Vive ce beau capitaine qui entre l'œil terrible & la mouftache en croc ! Voilà un brave homme qui ne nous laissera point marcher sur le pied !

— Un brave homme ! bâilla la Pareſſe, un homme qui, en temps de paix, se lève avec les coqs pour faire l'exercice, & qui, en campagne, couche sur le carreau & finira par y reſter. Ce ne sera jamais moi qui ferai société avec un traîneur de sabre.

— J'entrevois, mes enfants, reprit l'Orgueil, qu'un gîte à trouver eſt chose plus malaisée que nous ne pensions. Tredame ! je n'aurais jamais cru que les bons fils d'Adam nous fuſſent auſſi rétifs.

— Parbleu ! s'écria la Luxure, nous cherchons parmi les gens de vie réglée. Que voulez-vous qu'ils faſſent pour nous, emmaillottés comme ils sont dans leurs devoirs ? Parlez-moi des têtes folles & des cœurs joyeux que le monde repouſſe & qui n'ont pour règle que le caprice. Voyez-vous s'avancer là-bas cette jolie fille de théâtre ? Femme, coquette & comédienne, — partant excommuniée, — voilà notre affaire. Vaine, amoureuse, jalouse, gourmande, colère & pareſſeuse, rien n'empêche qu'elle ne soit avaricieuse : cela s'eſt vu. Quand je vous dis que cette demoiselle eſt un vrai nid à péchés...

— Où je ne couverai point, pour sûr, répliqua la Paresse. Si vous croyez que je vas me casser la tête à apprendre des fariboles toute la sainte journée pour faire rire le soir les badauds & me coucher à matines... Merci bien! Ne l'oubliez point, mes filles, ce n'eſt pas pour des prunes que messire Satanas me fit votre mère, & on ne vous donnera des merles que là où votre mère aura des grives.

— D'où il suit, conclut l'Orgueil, qu'il faut de toute nécessité trouver un hôte qui n'ait rien à faire. Donc, cherchons derechef. »

Les bonnes gens cherchèrent, cherchèrent longtemps, mais toujours & partout ils rencontraient quelque obſtacle qui leur fermait la porte.

Ils faillirent demander l'hospitalité à un très-riche seigneur qui vivait de ses rentes; mais le seigneur se donnait plus de mal pour surveiller son intendant que l'intendant n'en avait à le voler.

L'Avarice proposa bien de se retirer chez l'intendant, qui thésaurisait pour son compte; mais l'Orgueil se refusa net à demeurer chez un domeſtique, voire un domeſtique de bonne maison.

Ce que voyant, de guerre lasse :

« Mes chers enfants, dit l'Orgueil, j'avoue que j'y renonce. Voici qu'il se fait tard; buvons le coup de l'étrier, &, quoi qu'il en coûte à nos cœurs, tirons chacun du nôtre. »

Déjà ils s'embrassaient sur le pas de la porte, quand la Paresse s'écria tout à coup : *Euréka!* Ce qui en langue grecque signifie : J'ai trouvé.

« J'ai trouvé ce phénix des mortels qui ne fait rien & n'a rien à faire. Mes filles, voyez-vous ce bon moine qui passe les yeux baissés? Voilà notre hôte.

— Un capucin ! Oh !... fit la Luxure scandalisée. Ce bon père n'a-t-il point fait vœu de chaſteté?

— De pauvreté? continua l'Avarice.

— Et d'obéissance? ajouta l'Orgueil.

— C'eſt bien pour cette raison qu'il va nous accueillir à bras ouverts. Rien n'excite à violer un vœu comme de l'avoir fait.

— Ce raisonnement n'eſt point tant sot, remarqua l'Orgueil.

— Écoutez bien mon argumentation : qui dit vœu dit privation volontaire; or, qui dit privation dit besoin, & par conséquent désir violent.

— Tu parles d'or, ma femme, s'écria l'Orgueil, suivons le révérend père. »

Et ils le suivirent. Le bon moine tourna la tête au bruit des pas & bientôt il enfila une ruelle qui n'avait point de réverbère. Le révérend ralentit alors sa marche & les pèlerins l'atteignirent.

Ils allaient lui présenter humblement leur requête, quand lui-même, d'un ton doux, leur adressa ainsi la parole :

« Mes petites dames, je me doute bien de ce que vous me voulez, & je vous ai vues en passant, quoique je ne vous aie point regardées. Malheureusement, je ne puis rien pour votre service. Il ne m'eft guère loisible de recevoir que M. votre père & madame votre mère, qui ne sont pas compromettants... Ah! je le regrette fort, ajouta-t-il en prenant le menton de la Luxure, car, par ma barbe, c'eft une vérité que vous êtes toutes bien gentilles.

— Puisque tu nous trouves si gentilles, mon gros père, dit celle-ci en jouant de la prunelle, qu'eft-ce qui t'empêche de nous loger?

— Ce qui m'en empêche, ma mignonne, c'eft mon ennemi mortel qui marche toujours à votre suite.

— Qui donc?

— Le Scandale!

— Eh bien! on lui jettera la porte au nez.

— Et qui, myn God?

— Moi! dit une voix inconnue. »

En ce moment une lumière brilla par hasard à une fenêtre, éclaira toute la rue & permit aux pèlerins de diftinguer la personne qui venait de parler. Elle avait la figure couverte d'un masque & les bras en croix sur la poitrine.

« L'Hypocrisie! firent en chœur les six femmes.

— Oui, mesdames, l'Hypocrisie, votre sœur,

que notre sainte mère l'Église, — on n'a jamais su pourquoi, — a oublié de reconnaître comme membre de la famille. Messire Satanas, qui m'apprécie mieux, me dépêche vers vous pour tirer ce bon père d'embarras. Ne craignez rien, mon révérend, je réponds de tout ; & malheur à qui tentera de me démasquer !...

— Amen ! » dit le père, &, tout gaillard, il conduisit ses hôtes en l'hôtellerie de son couvent, où, depuis lors, ils mènent joyeux déduit à la garde d'Hypocrisie.

Culotte-Verte,
le Vainqueur du Lumçou

I

u temps jadis, il y avait, à Condé-sur-l'Escaut, un garçonnet de quatorze à quinze ans, lequel était bien le plus fieffé polisson qui de ses pieds déchaux eût jamais usé les pavés de la ville. Il habitait la rue Neuve : or, chacun sait que la rue Neuve est la rue la plus pauvre de Condé, & celle par conséquent où l'on voit le plus de bringands, comme on dit chez nous.

Sa mère était marchande de tablettes de mélasse ; son frère aîné, apprenti cordier : lui, n'était rien du tout, eſtimant le travail chose ennuyeuse & indigne d'un personnage de sa qualité.

Son parrain lui avait donné nom Gilles, mais d'habitude les gens de Condé l'appelaient Culotte-Verte, parce qu'il allait presque toujours vêtu d'une chemise & d'un vieux pantalon de velours vert, attaché par une simple ficelle. Pour lui, il s'était baptisé de son chef l'Homme-sans-peur, car il ne craignait ni vent, ni orage, ni Dieu, ni diable, ni valets de ville.

Fort comme un taureau & hardi comme un coq, il méprisait les gens faibles & timides, particulièrement les femmes. Les femmes lui semblaient une espèce inférieure aux hommes : « Je ne me marierai, disait-il souvent, que le jour où j'aurai eu peur; » ce qui, dans sa pensée, revenait à dire : « Je ne me marierai jamais. »

En attendant, il passait sa vie à faire enrager son prochain. C'était toujours lui qui, à la ducasse, bousculait les tourniquets des marchands de pain d'épice; c'était lui qui, à la Saint-Nicolas, vous cassait les oreilles à corner le sabbat; lui qui, à la messe de minuit, cousait entre eux les messieurs & les dames dont les chaises étaient trop rapprochées; c'était encore lui qui, aux Saints-Innocents, allait, le soir, dans les maisons, à la tête d'une troupe de blancs pèlerins, dérober les jambons & les tartes; c'était lui enfin qui, aux Rois, jetait des tessons de pots & de bouteilles dans les volets des gens qui criaient : Roi boit!

A la Saint-Jean, c'était Culotte-Verte qui, avec ses vauriens, frappait à grands coups de bâtons, sur le seuil des portes, en chantant la vieille chanson :

> C'eſt la quête au bois !
> Jolie dame, donnez-moi
> Un petit morceau de bois
> Pour allumer mon feu là bas.
> Saint Jean eſt chu dans le puits,
> Saint Pierre l'a rattrapé :
> Un petit morceau de bois pour le réchauffer!

Grâce à Culotte-Verte, la rue Neuve avait toujours le plus beau feu : car l'Homme-sans-peur, à la tête de sa bande, enlevait le bois des autres quartiers, & en faisait un feu tel que les gens de Fresnes & de Macou accouraient en toute hâte, croyant que Condé était en flammes.

Tous les dimanches & les lundis, il passait sa soirée chez la mère Boucaud, à jouer aux cartes pour des crêpes, qu'on appelle chez nous des aliettes : il buvait sa canette de petite bière, fumait sa pipe & donnait de grands coups de poing sur la table, comme un homme.

Les autres jours de la semaine, Culotte-Verte s'amusait à pendre les chats aux sonnettes, à casser les réverbères, à décrocher les enseignes, &, l'hiver, à sabouler les passants à coups de boulets de neige. Bref, il faisait la terreur des honnêtes bourgeois, la joie des petits polissons & le désespoir de sa mère, bonne femme & craignant Dieu.

« Si Gilles ne s'amende, disait-elle quelquefois à son fils aîné, tu verras que le garnement finira comme une taupe, entre ciel & terre.

— Mère, j'ai souvent ouï dire à M. le curé que la crainte eſt le commencement de la sagesse, répondit un jour le frère de Culotte-Verte. Si Gilles avait peur une bonne fois, peut-être qu'il changerait de vie. Or, je sais un sûr moyen de lui faire peur. Envoyez-le ce soir quérir une cruche d'eau à la fontaine Saint-Calixte. Je me charge du reſte. »

II

La fontaine Saint-Calixte coule à une lieue de Condé, & son eau avait alors la propriété de couper les fièvres qui, à l'automne, à cause des marais, régnaient fort dans le pays.

Le soir, quand Gilles rentra pour se coucher, sa mère lui dit :

« Gilles, va donc me quérir une cruche d'eau à la fontaine Saint-Calixte. J'ai senti cette nuit la mort me courir dans le dos, & je crains de reprendre les fièvres. »

Gilles partit. Le chemin qui mène à la fontaine passe le long du cimetière. La nuit était si noire qu'on n'y voyait goutte, & on n'entendait rien qu'une feuille qui, de temps à autre, tombait des longs peupliers. L'Homme-sans-peur s'avançait tranquillement, en sifflant l'air de la *Codaqui*, quand tout à coup la lune risqua un œil & lui montra, à dix pas devant lui, un grand fantôme blanc.

« Tiens! se dit Gilles, un échappé du jardin de Laguernade! »

Laguernade était le fossoyeur de Condé.

« Je ne suis point fâché de la rencontre; je pourrai dire que j'ai vu un revenant. »

Il continua son chemin, mais comme le fantôme ne se pressait point de lui livrer passage :

« Dis donc, l'ami, cria-t-il, si tu voulais te ranger un peu? »

Le fantôme ne bougea point.

« Range-toi, ou je te casse les reins! »

Le fantôme resta immobile.

Culotte-Verte s'élança & lui asséna sur la tête un si furieux coup de cruche que la cruche se brisa en mille morceaux. Le revenant chut tout de son long en poussant un cri.

« Tiens! c'était un homme, se dit Gilles. Je l'ai tué. Tant pis pour lui! Cela lui apprendra à vivre. »

Il réfléchit pourtant tout de suite qu'en récompense d'un si beau coup on pourrait bien l'instruire, lui aussi, de la même façon. Il ne craignait point les valets de ville, mais il n'avait aucun goût pour la société des gendarmes, surtout quand les gendarmes vont à cheval, & qu'on marche à pied, entre eux, avec les menottes. Il prit donc le parti de ne point retourner à Condé, & franchit leftement la frontière, qui n'eft qu'à une heure de là.

Par bonheur, c'était un lundi, & Culotte-Verte possédait une vingtaine de patards, qu'il avait gagnés en jouant aux cartes chez la mère Boucaud. Avec ses vingt patards, il se mit, à l'exemple des Belges, à faire du commerce. Nécessité aidant, il eut bientôt de quoi acheter un baudet & exercer le métier de campénaire, ou, si vous l'aimez mieux, de colporteur.

Il allait par les villages, criant : « Marchand de blanc sable! » ou bien : « A cerises pour du vieux fer! » & les petits gars lui donnaient toutes les vieilles ferrailles de la maison en échange d'une livre de cerises.

Il voyagea ainsi trois ans : il aurait pu amasser de quoi, mais il ne savait se guérir de jouer.

Cette maudite passion faisait qu'il logeait souvent le diable dans sa bourse, & lui-même, avec son baudet, à l'auberge de la belle étoile.

Un soir, il arriva dans un village des Pays-Bas. Il demanda à loger dans plusieurs auberges, mais comme il ne lui reſtait pas un rouge double, on lui répondit partout qu'on n'avait point de place.

« A ce prix-là, vous n'en trouverez qu'au château des Sonneurs, lui dit quelqu'un; mais qui oserait passer la nuit au château des Sonneurs?

— Moi !

— Vous ne savez donc pas qu'il revient dans la chambre rouge? C'eſt pour cela que le château eſt abandonné.

— Oh! les revenants! moi, je n'ai mie peur des revenants. Je n'ai peur de rien, & le jour où j'aurai eu peur, je me marierai. Donnez-moi seulement un bon bâton. »

Le château des Sonneurs avait une telle réputation dans le pays, qu'on fut fort étonné qu'un homme osât s'y aventurer. On racontait que toutes les fois qu'il devait y avoir une apparition, aussitôt que minuit avait sonné à l'horloge du village, des esprits y répétaient les douze coups sur une cloche invisible.

On alla quérir un bâton de bois d'aubépine; mais Gilles le cassa comme une allumette.

« Ce bâton n'est mie assez solide, » dit-il.

On lui en apporta un en bois de chêne. Il le brisa comme l'autre.

« Attendez, fit le forgeron, je vas lui en donner un qu'il ne cassera point. »

Il forgea une barre de fer grosse comme le petit doigt. Gilles la prit & la brisa. Il en forgea une grosse comme le pouce. Ratch! elle eut le même sort. Enfin, il en fit une qui était grosse comme le poignet d'un enfant de trois ans.

« Je m'en contenterai, dit Culotte-Verte, bien qu'il l'eût fait ployer sur son genou. Si les revenants ne sont point sages, voilà qui va les mettre à la raison. Maintenant, ce n'eſt mie tout. Quand on dérange les gens, c'eſt bien le moins qu'on les régale.

« Donnez-moi du bois, du charbon, de la chandelle, un pot de bière & des verres, de la levûre, de la farine, du sel, du lait, de la cassonade, du beurre & des œufs, une payelle, une marmite, une louche, des assiettes, une table & deux chaises. Nous sommes en carnaval, je vas leur faire des ratons. »

Chez nous, les ratons sont une espèce de crêpes meilleures que les aliettes.

On apporta à Gilles tout ce qu'il demandait.

« N'oubliez point, ajouta-t-il, un jeu de cartes & une carotte de tabac. Je ne connais rien de bon, après le souper, comme une bonne pipe & une partie de mariage. »

Culotte-Verte chargea son baudet de ses provisions, après quoi il partit pour le château des Sonneurs. Le château était situé dans la forêt, à vingt minutes de là.

C'était un vieux manoir avec quatre tourelles & des murs de trois aunes d'épaisseur, en tout pareil à celui qu'on voit sur la place Verte de Condé, & où demeure Nanasse Moucheron, le dentifte.

Les portes étaient grandes ouvertes, car personne n'osait en approcher, pas même les voleurs; & d'ailleurs il n'y avait rien à prendre.

Arrivé sous la voûte, Culotte-Verte battit le briquet, alluma sa chandelle, déchargea son baudet, le mena à l'écurie & se mit bravement à la recherche de la chambre rouge. Il n'eut point de peine à la reconnaître. C'était une grande salle aux lambris tapissés de toiles d'araignée ou, pour mieux dire, d'arnitoiles.

Gilles commença par faire du feu dans la vafte cheminée, non pas un petit feu de veuve, mais un beau feu clair & riant pour égayer la chambre.

Ensuite il cassa ses œufs, les fouetta, ajouta la farine, le sel & la levûre, y versa le lait & mêla le tout.

4.

Pendant que la pâte levait, il alluma sa pipe, but un verre de bière & se tira les cartes.

Quand il crut qu'elle était à point, il mit du beurre dans la poêle, ou, comme nous disons, dans la payelle, &, sitôt que le beurre eut chanté, il y versa une cuillerée de pâte.

Au moment de faire sauter le raton, il entendit sonner minuit au clocher du village.

« Bon! pensa Culotte-Verte, le premier qui arrive aura l'étrenne de la payelle. »

Il attendit une minute, mais rien : la cloche invisible refta muette.

« C'eft vexant, fit l'Homme-sans-peur. Un raton qui a si bonne mine! Tant pis! j'en aurai meilleure part. »

Il achevait à peine ces mots, qu'il ouït une voix effrayante, semblable à celle d'un homme qui parlerait dans une citerne. Cette voix paraissait venir du haut de la cheminée.

« Cherrai-je? cherrai-je point? disait la voix.

— Attends que j'aie resaqué la payelle, répondit Gilles. Là, chais hardiment. » Et il tendit ses mains sous la cheminée.

Il chut une jambe.

Culotte-Verte l'attrapa au vol & la jeta dans un coin, où elle refta debout; puis il remit sa poêle sur le feu.

« Cherrai-je? cherrai-je point?

— Attends.... bien... chais hardiment. »

Il chut une seconde jambe que Gilles jeta dans le coin, comme la première, & qui, comme la première, se tint droite sur son pied.

« Cherrai-je ? cherrai-je point ?

— Chais toujours, va, pendant que tu y es. »

Il chut un bras, puis un autre.

« Et de quatre ! dit Culotte-Verte. J'aurai bientôt de quoi faire un jeu de quilles.

— Cherrai-je ? cherrai-je point ?

— Juste ! voici la quille du mitan. »

Et il chut le buste d'un homme que Gilles lança au milieu du jeu & qui s'y tint debout, comme les jambes & les bras.

« Il ne manque plus que la boule.

— Cherrai-je ? cherrai-je point ?

— Et voici la boule, fit Gilles en recevant la tête. Je parie que j'en abats trois d'un coup ! »

Il jeta la tête dans le jeu. Soudain les membres se rejoignirent & l'homme se dressa.

« Tu as une singulière façon de te présenter dans le monde, dit Culotte-Verte ; mais, n'importe, je t'invite. »

Il saupoudra le raton de cassonade & en fit deux parts.

« Merci, je n'ai pas faim, fit l'homme.

— Ah ! Eh bien ! bois un coup alors. On doit avoir le gosier sec à voyager ainsi en détail.

— Je n'ai pas soif.

— Bah! Eh bien! moi, c'eſt tout le contraire; j'ai toujours faim & soif. A votre santé, l'homme de Dieu! »

Et Gilles avala un verre de bière & commença de manger sa part.

« Suis-moi! lui dit tout à coup le revenant.

— Où ça?

— Dans les souterrains du château.

— Merci, fieu; je n'ai point envie de m'enrhumer. »

Culotte-Verte alluma sa pipe.

« Tu vas me suivre! » dit le fantôme.

Et il étendit vers lui son long bras décharné.

« Minute! » fit Gilles.

Il saisit sa verge de fer & en donna un coup sur le bras. Il lui sembla qu'il avait frappé dans le vide, & pourtant l'esprit retira son bras avec un cri de douleur.

« Tu es le premier qui m'ait résiſté, dit-il. C'eſt toi qui vas me racheter.

— Si je veux!

— Fais tes conditions.

— Jouons d'abord une partie de mariage. Je me suis vanté que je jouerais aux cartes avec toi, je n'en veux point avoir le démenti.

— Si je gagne, me suivras-tu?

— Soit! »

Culotte-Verte donna huit cartes à son adversaire, en garda autant & retourna trèfle. Il jeta un coup d'œil sur son jeu & n'en fut point mécontent : il avait quatre atouts majeurs.

« Je ne te crains pas, » dit-il.

Et il déclara le beau mariage.

« — Le beau mariage, le voici. »

Et le fantôme montra le mariage de pique.

« — Mais la retourne eſt de trèfle! »

Le revenant sourit & lui indiqua la retourne du doigt. Gilles, ſtupéfait, ne put s'expliquer comment le trèfle s'était changé en pique.

« J'ai vu bleu, » pensa-t-il.

Il jeta les cartes & ajouta :

« Je suis prêt à te suivre.

— Prends la chandelle & marche devant.

— Marche devant toi-même, dit Gilles ; je ne suis mie ton domeſtique. »

Il était brave, mais fin, & savait qu'il ne faut jamais tourner le dos à un fantôme : il pourrait vous tordre le cou.

Le revenant prit la chandelle & se mit en route suivi de Culotte-Verte.

Ils descendirent dans les souterrains du château, &, après avoir marché quelque temps, ils arrivèrent devant une pierre grande comme une pierre sépulcrale.

« Lève la pierre, dit le revenant.

— Lève-la toi-même. »

Le revenant obéit; et Gilles vit trois larges pots remplis de louis d'or.

« Voilà, dit le fantôme, la cause de mes tourments. J'ai dérobé jadis une partie de cet or au comte de Hainaut, & mon âme eft condamnée à hanter ce château jufqu'à ce qu'elle ait reftitué. Porte-lui donc ces deux pots, garde le troifième pour toi, & puiffes-tu n'en point méfufer ! »

Culotte-Verte se gratta l'oreille comme quelqu'un qui réfléchit. Il pensait au faux revenant qu'il avait expédié dans l'autre monde.

« Pouvez-vous me dire, demanda-t-il, ce qu'on fait en enfer à ceux qui ont un meurtre sur la conscience?

— S'ils ne l'ont point payé de leur vie, ils sont condamnés à errer durant toute l'éternité avec leur tête sous le bras.

— Diable !... ce n'eft pas commode... Ont-ils un moyen de se racheter de leur vivant?

— Oui, un seul.

— Et c'eft?...

— De sauver quelqu'un d'une mort inévitable.

— Merci, notre maître, dit Culotte-Verte; vous êtes un brave homme & je ferai votre commission. Remontons là-haut. »

Mais soudain : « Coquerico ! » Chanteclair annonça le point du jour & le fantôme difparut.

Gilles se trouva seul en face de ses trois pots d'or. Il les prit, remonta vers le château, tira son baudet de l'écurie, & partit immédiatement pour la ville de Mons, où le puissant comte de Hainaut tenait sa cour.

III

Il y arriva huit jours après, & descendit à l'auberge du *Grand Saint-Druon*.

La ville tout entière était dans la confternation. On ne rencontrait par les rues que des gens qui pleuraient & se lamentaient. Culotte-Verte demanda la cause d'une pareille douleur.

On lui apprit qu'à une lieue & demie de là, dans les marais de Wasmes, il y avait un lumçon, autrement dit un dragon qui désolait le pays. Tous les ans il fallait livrer une jeune fille au monftre pour apaiser sa colère.

Cette année, le sort avait désigné la belle Ida, la fille du comte de Hainaut. Le comte avait fait publier à son de trompe qu'il la donnerait en mariage à celui qui tuerait le lumçon; mais personne n'avait osé se présenter, & la victime était partie, le matin même, pour Wasmes, où on l'avait conduite en procession. C'eft pourquoi les gens pleuraient & se lamentaient.

« Bon ! voilà mon affaire, se dit Gilles : je tuerai le monſtre & je sauverai la demoiselle ; cela fait que, dans l'autre monde, je ne porterai point ma tête sous le bras.

— Et vous épouserez la jolie fille?

— Oh ! pour ça non ! Je m'appelle l'Homme-sans-peur, je me moque bien des jolies filles, & je ne me marierai que quand j'aurai eu peur. »

Les gens hauſsèrent les épaules, mais il n'y prit garde, & partit en brandissant sa verge de fer.

Culotte-Verte arriva à Wasmes sur la brune. Il n'y trouva personne : tout le monde avait fui à une lieue à la ronde, tant la terreur était grande. Guidé par d'affreux rugissements, il alla droit à la tanière du lumçon. Le lumçon s'apprêtait juſtement à dévorer la jeune fille.

« Viens donc un peu ici, fieu ! » lui cria Gilles.

Le monſtre lâcha sa proie & s'avança à l'entrée de la tanière ; il avait une tête de cheval, une langue de serpent, des dents de crocodile, des ailes de vautour & une queue de requin.

Il s'élança sur Gilles, mais Gilles, d'un coup de sa verge, lui abattit une aile.

« Attends ! je vas te découper, grande volaille ! » lui cria-t-il.

D'un second coup il lui abattit l'autre aile, puis la queue, & finalement lui écrasa la tête.

Cela fait, il emmena la jeune fille.

« Ne pleurez point, belle Ida, lui dit-il, je vas vous reconduire chez votre père.

— Et vous m'épouserez, en récompense.

— Eſt-ce que j'ai eu peur?

— Non.

— Eh bien! je m'appelle l'Homme-sans-peur, & je ne me marierai que quand j'aurai eu peur. C'eſt un vœu que j'ai fait. »

La belle Ida ne répondit point, mais elle pensa tout bas que c'était un singulier vœu, car Gilles était beau garçon, bien qu'assez mal culotté.

Ils marchaient sans rien dire, chacun d'un côté de la chaussée, comme les amoureux de Fresnes, lorsqu'ils vont servir Notre-Dame de Bon-Secours. Tout à coup, en arrivant à Jemmapes, Gilles entendit une voix qui criait : « Tiens! c'eſt Culotte-Verte! »

Il se retourna & reconnut Mimile Bicanne. Mimile Bicanne était, après Culotte-Verte, le plus fameux bringand de Condé, &, quand on jouait aux voleurs, c'était toujours Gilles qui était le chef, & Mimile son lieutenant.

« Quel plaisir de te retrouver! je te croyais mort! Viens donc boire une canette, » dit Mimile Bicanne.

Quand on sort de tuer un monſtre, on a bien gagné de boire un coup; d'ailleurs personne ne peut se vanter d'avoir jamais vu deux Flamands se rencontrer sans vider une canette, & puis, Mimile & Culotte-Verte étaient une si belle paire d'amis!

Culotte-Verte pourtant hésitait. Si la belle Ida avait été une simple paysanne, il lui aurait offert, à la bonne franquette, de se rafraîchir avec eux, mais le moyen de mener au cabaret la fille du comte de Hainaut!

La belle Ida le tira d'embarras.

« Suivez votre ami, lui dit-elle. Je retournerai bien seule : le chemin n'eſt point difficile.

— C'eſt toujours tout droit, &, en sortant de Jemmapes, vous prendrez à gauche, répondit Gilles qui, en ce moment, la trouvait charmante. Vous prierez le bonjour de ma part à monsieur votre père; dites-lui que j'irai bientôt le voir : j'ai une commission pour lui. »

Et il suivit Mimile Bicanne.

Mimile Bicanne apprit à Culotte-Verte que Condé était fin triste depuis son départ. On ne pendait plus de chats aux sonnettes, on ne décrochait plus d'enseignes, on ne cassait plus de réverbères, on n'entendait plus parler de loups-garous, & les bourgeois dormaient sur leurs deux oreilles. Bref, c'était une désolation.

« On n'a point trouvé un mort, il y a trois ans, près du jardin de Laguernade?

— On a retrouvé ton frère que tu avais à moitié assommé. C'eſt lui qui était le revenant.

— Comment! mon frère?

— Oui, mais il eſt guéri à cette heure.

— J'en remercie Dieu! » dit l'Homme-sans-peur.

Puis, après réflexion :

« Ce n'était mie la peine de sauver la fille... Bah! n'importe! il peut arriver qu'on ait le désagrément de tuer un homme! »

En devisant ainsi, Culotte-Verte & Mimile Bicanne burent une trentaine de canettes, & Culotte-Verte feſtonnait un peu quand, vers dix heures, il rentra au *Grand Saint-Druon*.

IV

« Quelle commission peut-il bien avoir pour mon père? » se disait la belle Ida.

Tout en tournant & retournant cette pensée dans sa tête, la pauvre fille prit un chemin pour l'autre & s'égara; elle s'aperçut de son erreur lorsqu'elle se trouva devant une vingtaine de fours à coke. Elle entendit les pas d'un homme & s'arrêta. C'était un carbonnier, ou, si vous le préférez, un mineur qui revenait de son travail.

« Que faites-vous là, la belle ? lui dit-il.

— Je cherche la route de Mons, mon brave homme. Je vais chez mon père, le comte de Hainaut, & si vous voulez bien m'y conduire, vous aurez une bonne récompense.

— Qui donc vous a sauvée du lumçon ?

— Un inconnu qui ne veut point m'épouser.

— Où eſt-il ?

— Il m'a quittée à l'entrée de Jemmapes.

— Ce serait vraiment dommage de ne point épouser une si jolie fille, » fit le carbonnier en manière de réflexion.

Le carbonnier avait l'âme aussi noire que sa figure. Le diable, son compère, lui souffla une pensée infernale.

« Vous voyez bien ces fours à coke ? dit-il à la belle Ida.

— Oui.

— Eh bien ! vous allez me jurer, sur votre salut éternel, de dire à votre père que je suis votre sauveur, sinon je vous y fais rôtir toute vive ! »

Et il lui posa sa large main sur l'épaule.

La pauvre enfant eut peur, & jura tout ce que voulut le méchant carbonnier.

Le comte de Hainaut fut enchanté de voir sa fille saine & sauve, & fit fête à son prétendu sauveur, bien que celui-ci ne payât guère de mine & lui parût un piètre parti pour sa demoiselle.

Quelques jours après, il réunit toute sa cour dans le repas des fiançailles, & le feſtin fut tel que les Montois n'en avaient jamais vu de semblable : on avait tué cinq bœufs, dix porcs, vingt moutons & mis en perce cent tonnes de bière & cinq tonneaux de brandevin : on but même du vin pour de bon, bien qu'on ne vendange pas dans le pays. Comme la salle à manger du château n'était point assez vaſte pour contenir les convives, on dressa la table dans la cour d'honneur.

Tout le monde se réjouissait, excepté la belle Ida, qui était pâle & dolente. Elle n'osait révéler la cause de son chagrin, de peur de brûler un jour en enfer, où le feu eſt, dit-on, dix-sept fois plus ardent que dans les fours à coke.

Au dessert, on vint annoncer au comte qu'un jeune étranger demandait à lui parler.

« Qu'il entre ! » dit le comte.

Et Culotte-Verte parut, tout habillé de velours vert, mais cette fois de velours de soie brodé d'argent. Avec sa toque, son pourpoint & le petit manteau qu'il portait fièrement sur l'épaule, il avait la plus charmante mine qu'on pût voir. Il tenait de chaque main un pot de louis d'or.

« Sire comte, dit-il en s'inclinant, je viens, de la part de défunt le maître du château des Sonneurs, vous reſtituer ces deux pots de louis d'or.

— Soyez le bienvenu, messire, » répondit le comte, & il fit ajouter un couvert.

La belle Ida tourna alors les yeux vers l'inconnu & poussa un petit cri de surprise & peut-être de joie. Ce cri attira l'attention de Gilles, qui répondit par un salut.

Le carbonnier avait tout remarqué.

« Que vous veut ce perroquet? dit-il tout haut à la belle Ida, car il était aussi bourru & insolent qu'un haleur.

— Ce perroquet veut te plumer comme une oie! » répondit Culotte-Verte, & il jeta son assiette à la tête du carbonnier.

Le carbonnier fit mine de sauter par-dessus la table pour tomber à bras raccourci sur Gilles, mais on le retint; il dut se borner à l'accabler d'injures.

« Apprenez, sire comte, dit alors Culotte-Verte, que ce n'eſt point ce beau merle qui a sauvé votre fille.

— Qui eſt-ce? dit le comte.

— Vous le saurez plus tard.

— Tu mens, vilain mâle d'agache! hurla le carbonnier.

— Le champ clos en décidera, ajouta le comte.

— Tout de suite! » dit Gilles, & il jeta loin de toque & son manteau.

V

Les deux champions se préparèrent au combat, qui eut lieu dans la cour même. Le carbonnier y parut tout armé de fer, casque, haubert, cuirasse, brassards & cuissards, sur un cheval pareillement harnaché de fer. Il eſt vrai de dire que le cavalier se tenait assez mal en selle.

Culotte-Verte crut inutile de monter à cheval & n'envoya même point quérir sa bonne verge. Il se contenta de retrousser ses manches pour ne pas gâter son pourpoint brodé d'argent.

Le carbonnier s'élança sur lui visière baissée & lance en arrêt. Gilles fit un saut de côté, le saisit par un pied, le souleva au-dessus du cheval qui continua sa course, le laissa retomber dans ses bras & le tordit comme une servante tord sa wassingue après avoir essuyé le carreau de la maison; puis il le jeta dans un coin, où le traître alla rouler avec un bruit de vieille ferraille.

« Il eſt mort, dit le comte, donc il avait tort.

— Et je ne porterai point ma tête sous le bras dans l'autre monde, ajouta Culotte-Verte, car c'eſt moi qui ai sauvé votre fille d'une mort inévitable.

— C'eſt donc toi qui l'épouseras?

— Eſt-ce que j'ai eu peur?

— Non.

— Eh bien! je m'appelle l'Homme-sans-peur & je ne me marierai que quand j'aurai eu peur. C'eſt un vœu que j'ai fait, demandez à votre demoiselle. »

La belle Ida ne répondit point, car elle s'était évanouie, comme de raison.

« Quand on sauve une fille, on l'épouse; c'eſt l'usage, dit le comte vexé; tu épouseras la mienne, ou nous verrons!

— Je ne l'épouserai point!

— Épouse-la, ou je te tue! & il sauta sur ses piſtolets.

— Faites-moi peur, je l'épouserai, » ripoſta Culotte-Verte sans sourciller.

Le comte réfléchit que tuer Culotte-Verte n'était pas un bon moyen de le forcer à se marier.

« Bon! je tiens mon affaire, » pensa-t-il; & il dit deux mots à l'oreille d'un capitaine, qui sortit sur-le-champ.

Puis, s'adressant à Gilles:

« Tu feras à ta guise.

— Eh bien! vous êtes un brave homme, » répondit Culotte-Verte.

Il se leva, le verre en main; tout le monde l'imita.

« Et je bois, ajouta-t-il, à la santé de l'il... »

A ces mots... boouum!... une horrible détonation se fit entendre; on eût dit que le château s'écroulait : tout le monde sauta en l'air.

« ... luftre compagnie! » continua Culotte-Verte.

Et il vida son verre d'un trait.

« Dites donc à vos canonniers de se taire quand je parle, ajouta-t-il en posant son verre.

— Le drôle n'a point eu peur de mes vingt canons. Comment faire? » murmura le comte.

Le bruit de la batterie avait tiré la belle Ida de son évanouissement : on lui expliqua de quoi il s'agissait.

« Attendez! » fit-elle tout bas.

Elle sortit un inftant & revint suivie de deux écuyers tranchants qui portaient l'un une tarte aux prunes large comme une roue de charrette & l'autre un superbe pâté.

« Je vais découper la tarte; pendant ce temps-là, ouvrez le pâté, messire, » dit-elle à Culotte-Verte.

Culotte-Verte, en homme bien élevé, prit un couteau, se baissa sur le pâté & se mit en devoir d'enlever la croûte.

Soudain quelque chose en sortit, qui sauta au nez du découpeur.

C'était le canari de la belle Ida.

5.

Gilles, qui ne s'attendait à rien moins, fit un léger mouvement d'effroi.

« Il a eu peur! cria en chœur toute l'assistance, il épousera la belle Ida.

— Je l'épouserai, messieurs, dit Culotte-Verte, car c'est une fille d'esprit, & je m'aperçois qu'une fille d'esprit est plus forte qu'un homme sans peur. »

VI

Le comte le nomma sur-le-champ chevalier de Saint-Georges, en souvenir de sa victoire sur le lumçon, &, huit jours après, le nouveau chevalier épousa la belle Ida à Sainte-Vaudrue.

Il y eut un festin encore plus beau que le précédent. La mère & le frère de Gilles y assistèrent, ainsi que Mimile Bicanne & la mère Boucaud; mais on n'y mangea point d'aliettes.

Au dessert, Antoine Clesse, le chansonnier montois, entonna une chanson, que Roland Delattre accompagna sur le théorbe; & il vint un fameux astrologue de Bernissart, lequel prédit que les jeunes époux vivraient longtemps heureux & qu'ils auraient beaucoup d'enfants.

Chose remarquable, s'ils vécurent heureux, cela

tint surtout à ce que la femme de l'Homme-sans-peur mena toujours son mari par le bout du nez.

C'eft en mémoire de ces curieux événements que tous les ans a lieu, à la ducasse de Mons, un magnifique tournoi qu'on appelle le Lumçon. Un faiseur de briquettes de charbon de terre, armé de pied en cap, y représente le chevalier de Saint-Georges; il tue d'un coup de piftolet un affreux monftre d'osier, & le soir tous les cabarets de Mons chantent à pleins verres la gloire de Culotte-Verte.

Le Petit Soldat

I

u temps jadis, il y avait un petit soldat qui revenait de la guerre. C'était un brave petit soldat, ni manchot, ni borgne, ni boiteux, ni hors d'âge, & qui n'avait pas eu besoin de numéroter ses membres pour les rapporter au complet. Mais la guerre était finie, & on avait licencié l'armée.

Il s'appelait Jean de la Basse-Deûle, étant fils de bateliers de la Basse-Deûle, vers Lille en Flandre, & de bonne heure on l'avait surnommé le Rôtelot, ce qui chez nous se dit pour le roitelet, le petit roi.

L'avait-on ainsi baptisé à cause qu'il était de courte taille, chose rare chez les Flandrins, ou bien parce qu'il devait un jour être roi, ou encore de ce qu'il semblait, comme les roitelets, d'humeur peu défiante & facile à apprivoiser? Je l'ignore, & lui-même n'aurait point été fâché de le savoir au jufte.

En attendant, le four de sa maison était chu, ce qui signifie qu'il n'avait plus au pays ni père, ni mère, ni frères, ni sœurs pour le recevoir. Bien qu'il ne fût pas près d'arriver, il y retournait tranquillement & sans trop se presser.

Il marchait fièrement : une, deux, une, deux! sac au dos & sabre au flanc, une, deux! lorsqu'un soir, en passant par un bois inconnu, il lui prit envie de fumer une pipe. Il chercha son briquet pour faire du feu, mais, à son grand ennui, il s'aperçut qu'il l'avait perdu.

Il s'avança encore une portée d'arbalète, après quoi il diftingua une lumière à travers les arbres; il se dirigea de ce côté, & se trouva bientôt devant un vieux château dont la porte était ouverte.

Il entra dans la cour & vit par une fenêtre un large brasier qui brillait au fond d'une salle basse. Il bourra sa pipe & heurta doucement en disant:

« Peut-on l'allumer? » comme c'est l'habitude. Personne ne répondit.

Jean frappa plus fort : rien ne bougea. Il haussa le loquet & entra. La salle était vide.

Le petit soldat alla droit à la cheminée, saisit les pincettes & se baissa pour choisir une braise, quand tout à coup, clic! il entendit comme le bruit d'un ressort qui se débande, & un énorme serpent lui jaillit au nez du milieu des flammes.

Chose singulière! ce serpent avait une tête de femme.

J'en sais plus d'un qui aurait pris ses jambes à son cou, mais le petit soldat était un vrai soldat. Il fit seulement un pas en arrière & porta la main sur la poignée de son sabre.

« Garde-toi de dégaîner, dit le serpent. Je t'attendais, & c'est toi qui vas me délivrer.

— Qui êtes-vous?

— Je m'appelle Ludovine, & suis la fille du roi des Pays-Bas. Tire-moi d'ici, je t'épouserai & je ferai ton bonheur. »

Si un serpent à tête de femme me proposait de faire mon bonheur, je demanderais à réfléchir ; mais le Rôtelot ne savait point que méfiance est mère de sûreté. D'ailleurs, Ludovine le regardait avec des yeux qui le fascinaient, comme s'il eût été une alouette.

C'étaient de très-beaux yeux verts, non pas

ronds comme ceux des chats, mais fendus en amande, & dont le regard rayonnait d'un éclat étrange; ils brillaient autant que les lumerotes du marais de Vicq, & illuminaient une figure ravissante, encadrée par de longs cheveux dorés. Vous auriez cru voir une tête d'ange sur un corps de serpent.

« Que dois-je faire? dit le Rôtelot.

— Ouvre cette porte. Tu te trouveras dans un corridor au bout duquel eſt une salle toute pareille à celle-ci. Va jusqu'au fond, prends mon corsage, qui eſt dans la garde-robe, & apporte-le-moi. »

Le petit soldat partit hardiment. Il traversa le corridor sans encombre, mais, arrivé dans la salle, il vit, au clair des étoiles, huit mains qui se tenaient en l'air à la hauteur de sa figure. Il eut beau écarquiller les yeux, il ne put apercevoir ceux à qui elles appartenaient.

Il s'élança bravement, tête baissée, sous une grêle de soufflets, auxquels il ripoſta par une dégelée de coups de poing. Parvenu à la garde-robe, il l'ouvrit, décrocha le corsage & l'apporta dans la première salle.

« Voici! » fit Jean un peu essoufflé.

Clic! Ludovine jaillit des flammes. Cette fois elle était femme jusqu'aux hanches. Elle prit le corsage & le revêtit.

C'était un magnifique corsage de velours orange, tout brodé de perles ; n'importe, il fallait que Ludovine fût bien femme pour recouvrer ainsi ses blanches épaules, rien qu'en le voyant.

« Ce n'eſt point tout, dit-elle. Va dans le corridor, prends l'escalier à gauche, monte au premier étage, &, dans la seconde chambre, tu trouveras une autre garde-robe où eſt ma jupe. Apporte-la-moi. »

Le Rôtelot obéit. En pénétrant dans la chambre, il vit, au lieu de mains, huit bras armés d'énormes bâtons. Il dégaîna sans pâlir, & s'élança, comme la première fois, en faisant avec son sabre un tel moulinet, que c'eſt au plus s'il fut effleuré par un ou deux coups.

Il apporta la jupe, une jupe de soie bleue comme le ciel de l'Espagne.

« Voici la jupe ! » dit Jean, & le serpent parut. Il était femme jusqu'aux genoux.

« Il ne me manque plus que mes bas & mes souliers, fit-il. Va me les quérir dans la garde-robe qui eſt au deuxième étage. »

Le petit soldat y alla & se trouva en présence de huit gobelins armés de marteaux, & dont les yeux lançaient des pétards.

A cette vue, il s'arrêta sur le seuil.

« Ce n'eſt point mon sabre, se dit-il, qui pourra me garantir. Ces brigands-là vont me le briser comme verre, & je suis un homme mort, si je n'avise à un autre moyen. »

Il regarda la porte, & vit qu'elle était de bois de chêne, épaisse & lourde. Il la prit dans ses bras, l'enleva des gonds & se la mit sur la tête. Il marcha droit aux gobelins, rejeta la porte sur eux, courut à la garde-robe & y trouva les bas & les souliers. Il les apporta à Ludovine, qui cette fois redevint femme de la tête aux pieds.

S'il lui refta encore quelque chose du serpent, le Rôtelot ne le remarqua point, &, du refte, plus fin que lui n'y aurait vu que du feu.

Ludovine, tout en chauffant ses jolis bas de soie blancs à coins brodés & ses mignons souliers bleus, garnis d'escarboucles, dit à son libérateur :

« Tu ne peux refter ici plus longtemps, &, quoi qu'il advienne, tu ne dois plus y remettre les pieds. Voici une bourse qui contient deux cents ducats. Va loger cette nuit à l'auberge des Trois-Tilleuls, qui eft au bord du bois, & tiens-toi prêt demain matin. Je passerai à neuf heures devant la porte & te prendrai dans mon carrosse.

— Pourquoi ne partons-nous pas tout de suite ? hasarda le petit soldat.

— Parce que le moment n'eft point venu. »

Et la princesse accompagna ces paroles de ce regard dominateur qui ensorcelait le Rôtelot.

Elle était grande & fière, elle avait la taille

mince & flexible du bouleau, &, dans tous ses mouvements, je ne sais quoi d'onduleux & de hautain.

Jean faisait déjà un demi-tour pour sortir, quand la princesse parut se raviser.

« Attends, dit-elle. Tu as bien gagné de boire un petit verre. »

Un soldat, & surtout un soldat flamand, ne refuse jamais le coup de l'étrier.

Le Rôtelot s'arrêta, & Ludovine tira d'un vieux dressoir un flacon de criſtal où scintillait une liqueur qui semblait rouler des paillettes d'or. Elle en versa un plein verre & le présenta à Jean.

« A votre santé, ma belle princesse, s'écria le Rôtelot, & à notre heureux mariage ! »

Et il avala le verre d'un trait, sans remarquer que, dans le coin gauche, la lèvre de Ludovine se plissait d'un fin sourire, pareil à la petite queue d'un lézard qui se blottit.

« Surtout n'oublie point l'heure, recommanda la princesse.

— Soyez tranquille, on sera exaƈt. »

Et Jean, après avoir allumé sa pipe, sortit en faisant le salut militaire.

« Il faut croire, se dit-il à part lui, que si on m'a appelé le Rôtelot, c'eſt que décidément je dois un jour être roi. »

Il ne réfléchit pas qu'il avait oublié un point :

c'était de demander ce qu'avait bien pu faire une si belle princesse pour devenir ainsi les trois quarts d'un serpent.

II

Arrivé à l'auberge des Trois-Tilleuls, Jean de la Basse-Deûle commanda un bon souper. Par malheur, en se mettant à table, il fut pris d'une si forte envie de dormir, que, bien qu'ayant grand'faim, il s'endormait sur son assiette.

« C'eſt sans doute l'effet de la fatigue, » pensa Jean.

Il recommanda qu'on l'éveillât le lendemain à huit heures & monta à sa chambre.

Le petit soldat dormit toute la nuit à poings fermés. Le lendemain, à huit heures, quand on vint frapper à sa porte : « Présent! » s'écria-t-il, & il retomba dans un sommeil de plomb. A huit heures & demie, à huit heures trois quarts, on frappa de rechef, & toujours Jean se rendormit. On se décida à le laisser en paix.

Midi sonnait quand le dormeur se réveilla. Il sauta à bas de son lit, prit à peine le temps de s'habiller, & s'enquit auprès de l'hôtesse s'il n'était venu personne le demander.

« Il est venu, répondit l'hôtesse, une belle princesse dans un carrosse tout doré. Elle a dit qu'elle repasserait demain à huit heures précises, & a recommandé de vous remettre ce bouquet. »

Le petit soldat fut désolé de ce contre-temps, & maudit cent fois son sommeil; il songea même à aller s'excuser au château ; mais il se souvint que Ludovine lui avait défendu d'y reparaître, & il craignit de lui déplaire. Il se consola en regardant son bouquet, qui était un bouquet d'immortelles.

« C'est la fleur du souvenir, » pensa-t-il. Il ne réfléchit point que c'était aussi la fleur des tombeaux.

La nuit venue, il ne dormit que d'un œil, & s'éveilla vingt fois par heure. Quand il entendit les oiseaux souhaiter le bonjour à l'aurore, il sauta du lit, sortit de l'auberge par la fenêtre & grimpa sur le plus gros des trois tilleuls qui ombrageaient la porte.

Il s'assit à califourchon sur la maîtresse branche, & se mit à contempler son bouquet, qu brillait au crépuscule comme une gerbe d'étoiles.

Il le regarda tant & tant, qu'à la fin il se rendormit. Rien ne put le réveiller, ni l'éclat du soleil, ni le babillage des oiseaux, ni le roulement du carrosse doré de Ludovine, ni les cris de l'hôtesse, qui le cherchait par toute la maison.

Cette fois encore, il s'éveilla à midi & fut tout penaud, quand il vit par la fenêtre qu'on dressait la table pour le dîner.

« La princesse eft-elle venue? demanda-t-il.

— Oui bien. Elle a remis pour vous cette écharpe couleur de feu & a dit qu'elle repasserait demain à sept heures, mais pour la dernière fois. »

« Il faut qu'on m'ait jeté un sort, » pensa le petit soldat. Il prit l'écharpe, qui était en soie brodée d'or au chiffre de la princesse, & qui exhalait un parfum doux & pénétrant. Il la noua autour de son bras gauche, du côté du cœur, &, réfléchissant que le meilleur moyen d'être levé à l'heure était de ne point se coucher du tout, il régla sa dépense, acheta un cheval vigoureux avec l'argent qui lui reftait, puis, quand vint le soir, il monta en selle & se tint devant la porte de l'auberge, bien décidé à y passer la nuit.

De temps à autre il penchait la tête sur son bras pour respirer le doux parfum de son écharpe. Il la pencha tant & tant, qu'à la fin il la laissa tomber sur le cou de sa monture, & bientôt cheval & cavalier ronflèrent de compagnie.

Cheval & cavalier dormirent jusqu'au lendemain, sans débrider.

Lorsqu'arriva la princesse, on eut beau les appeler, les secouer & les battre, rien n'y fit. L'homme & l'animal ne s'éveillèrent qu'après son départ, au moment où le carrosse disparaissait au tournant de la route.

Jean lança son cheval à fond de train, en criant du haut de sa tête : « Arrêtez, arrêtez ! »

C'était une excellente bête qui allait comme le vent, mais le carrosse de son côté roulait comme la foudre, & ils coururent un jour & une nuit, toujours à la même diftance & sans que le cheval pût gagner un tour de roue sur le carrosse.

Ils traversèrent ainsi dans une course infernale des villes, des bourgs, des villages, & les gens venaient sur le pas de leurs portes pour les voir passer.

Enfin, ils arrivèrent au bord de la mer. Jean espéra que le carrosse s'arrêterait, mais, chose merveilleuse ! il entra dans les flots & glissa sur la plaine liquide comme il avait roulé sur la terre ferme.

Le brave cheval tomba d'épuisement pour ne plus se relever, & le petit soldat s'assit sur le rivage, regardant d'un œil désolé le carrosse qui s'évanouissait à l'horizon.

III

Pourtant il ne se rebuta point, &, après avoir repris haleine, il se mit à marcher le long de la côte pour voir s'il ne découvrirait pas une embarcation quelconque, afin de suivre la princesse. Il ne trouva ni barque, ni barquette, & finit par s'asseoir, rompu de fatigue, sur le seuil d'une maisonnette de pêcheur.

Il n'y avait dans la maison qu'une jeune fille, qui raccommodait un filet. Elle se leva aussitôt, invita Jean à entrer chez elle & lui présenta son escabeau. Elle servit ensuite, sur une table de blanc bois, une cruche de vin, quelques poissons frits & un chanteau de pain bis. Jean but & mangea, &, tout en se réconfortant, il raconta son aventure à la jolie pêcheuse.

Elle était jolie, en effet, & malgré le grand hâle de la mer, elle avait la peau aussi blanche que les ailes des mouettes sous un ciel noir d'orage. Aussi ne l'appelait-on que la Mouette.

Mais Jean ne remarqua ni la blancheur de son teint, ni la douceur infinie de ses yeux, qui ressemblaient à des violettes dans du lait : il ne songeait qu'aux yeux verts de sa princesse.

Quand il eut terminé son récit, elle parut touchée de compassion, & lui dit :

« La semaine passée, en pêchant à marée basse, je sentis, au poids de mon haveneau, qu'il ramenait autre chose que des crevettes. Je le retirai avec précaution, &, à travers les mailles, je vis un grand vase de cuivre fermé & scellé de plomb. Je l'apportai ici & le mis sur le feu. Quand le plomb eut un peu fondu, j'achevai de l'enlever avec mon couteau & j'ouvris le vase. J'y trouvai un manteau de drap rouge & une boursette contenant cinquante florins. Voilà le manteau sur mon lit, vous voyez le vase là, sur la cheminée, & j'ai enfermé la bourse dans ce tiroir. »

Et, ce disant, elle ouvrit le tiroir de la table.

« Je gardais les cinquante florins pour ma dot, car je ne puis toujours rester seule...

— Vous n'avez donc, interrompit Jean, ni père ni mère ?

— Ma mère est morte en me mettant au monde ; mon père & mes deux frères sont depuis un an au fond de la mer avec notre barque.

— Pauvre enfant ! vous ferez bien, en effet, de vous marier le plus tôt possible.

— Oh ! rien ne presse ; & comme il n'est guère probable que je trouve si tôt un mari à mon goût, voici la bourse, prenez-la. Après que vous vous serez bien reposé, allez au port voisin, qui n'est

6

qu'à une demi-heure d'ici, embarquez-vous sur un vaisseau, &, lorsque vous serez devenu roi des Pays-Bas, vous me rapporterez mes cinquante florins. J'attendrai votre retour. »

En achevant ces mots, la pauvre petite ne put se tenir de soupirer.

Ce soupir signifiait : « Qu'a-t-il besoin de courir après des princesses qui m'ont toute la mine de se moquer de lui? Il ferait bien mieux de rester auprès de moi. Il paraît un si brave cœur, que, s'il me demandait pour femme, je ne voudrais point d'autre mari. »

Mais le Rôtelot ne vit pas ce soupir, &, s'il l'avait vu, il n'en eût point compris la cause, que la Mouette ne démêlait pas bien elle-même.

« Quand je serai roi des Pays-Bas, dit-il, je vous nommerai dame d'honneur de la reine, car vous êtes aussi bonne que belle. »

La jeune fille sourit faiblement, & reprit :

« Voici le moment d'aller faire ma récolte. Si je ne vous retrouve plus ici, portez-vous bien & soyez heureux.

— A bientôt! » dit Jean, & pendant que la Mouette prenait son filet, il s'enveloppa du manteau & s'étendit sur un tas d'herbes sèches.

Il repassa alors dans sa tête tout ce qui lui était arrivé depuis qu'il avait cherché son briquet, & ne put s'empêcher de s'écrier en pensée : « Ah!

que je voudrais donc être dans la ville capitale du royaume des Pays-Bas! »

IV

Soudain, le petit soldat se trouva debout sur une grand'place & devant un superbe palais. Il écarquilla les yeux, il se les frotta, il se tâta partout, &, quand il fut bien sûr qu'il ne rêvait point, il s'approcha d'un marchand qui fumait sa pipe sur sa porte :

« Où suis-je? lui dit-il.

— Eh! parbleu! vous le voyez bien, devant le palais du roi.

— Quel roi ?

— Le roi des Pays-Bas, » fit le marchand, riant à demi & le prenant pour un fou.

Je vous laisse à penser si Jean fut étonné. Comme il était honnête, il réfléchit qu'il allait passer aux yeux de la Mouette pour un voleur, & cette idée l'attrifta. Il se promit bien de lui reporter le manteau avec la bourse.

Il s'avisa alors qu'une vertu était peut-être attachée à ce manteau & qu'elle avait suffi pour le transporter tout à coup au but de son voyage. Voulant s'en assurer il se souhaita dans la meilleure hôtellerie de la ville. Il y fut sur-le-champ.

Enchanté de cette découverte, il se fit servir un bon souper, but deux bouteilles de bière de Louvain, &, comme il était trop tard pour rendre visite au roi, il alla se coucher. Il l'avait bien gagné.

Le lendemain matin, en mettant le nez à la fenêtre, il vit que les maisons étaient pavoisées de drapeaux, ornées de mais & enguirlandées de feſtons qui traversaient la rue en se croisant d'une lucarne à l'autre. Tous les clochers de la ville carillonnaient, &, dans ce grand bruit, on diſtinguait le doux cliquetis des pendeloques de verre suspendues aux couronnes.

Le petit soldat demanda si on attendait quelque prince ou si l'on célébrait le sacre de la rue.

« On attend, lui fut-il répondu, la fille du roi, la belle Ludovine, qui eſt retrouvée & qui va faire son entrée triomphale. Tenez, entendez-vous les trompettes. Voici le cortége qui s'avance.

— Cela tombe à merveille, pensa le Rôtelot. Je vas me mettre sur la porte, & nous verrons bien si ma princesse me reconnaîtra. »

Il acheva dare dare de s'habiller, &, franchissant en deux sauts les marches de l'escalier, il arriva juſte au moment où le carrosse doré de Ludovine passait devant la porte. Elle était vêtue d'une robe de brocart, avec un diadème d'or sur la tête & ses blonds cheveux tombant sur ses épaules.

Le roi & la reine étaient assis à ses côtés, & les courtisans, en habit de soie & de velours, caracolaient à la portière. Elle arrêta par hasard son regard impérieux sur le petit soldat, pâlit légèrement & détourna la tête.

« Eſt-ce qu'elle ne m'aurait point reconnu ? se demanda le Rôtelot, ou serait-elle fâchée de ce que j'ai manqué au rendez-vous ? »

Il paya l'hôte & suivit la foule. Quand le cortége fut rentré au palais, il demanda à parler au roi; mais il eut beau affirmer que c'était lui qui avait délivré la princesse, les gardes le crurent féru de la cervelle & lui barrèrent obſtinément le passage.

Le petit soldat était furieux. Il sentit le besoin de fumer une pipe. Il entra dans un cabaret & but une pinte de bière.

« C'eſt cette misérable casaque de soldat, se dit-il. Il n'y a pas de danger qu'on me laisse approcher du roi tant que je ne reluirai point comme ces beaux seigneurs, & ce n'eſt mie avec mes cinquante florins, que j'ai déjà écornés... »

Il tira sa bourse, & se rappela qu'il n'en avait point vérifié le contenu. Il y trouva cinquante florins.

« La Mouette aura mal compté, » pensa Jean,

& il paya sa pinte. Il recompta ce qui lui reſtait, & trouva encore cinquante florins ! Il en mit cinq à part, & compta une troisième fois : il y avait toujours cinquante florins. Il vida la bourse tout entière & la referma. En l'ouvrant, il y trouva cinquante florins !

« Parbleu ! dit Jean, me voilà plus riche que le Juif errant qui n'a jamais que cinq sous vaillant ! je commence à espérer que les gens du palais ne me recevront plus comme un chien dans le jeu de balle de Condé. »

Il lui vint alors une idée, qu'il mit sans plus tarder à exécution. Il alla droit chez le tailleur & le carrossier de la cour.

Par le tailleur il se fit faire un juſtaucorps & un manteau de velours bleu, tout brodés de perles. Il avait choisi la couleur bleue, parce que c'était celle que semblait préférer la princesse. Au carrossier il commanda un carrosse doré en tout pareil à celui de la belle Ludovine. Il paya double pour être plus tôt servi.

Quelques jours après, le petit soldat parcourut les rues de la ville dans son carrosse, attelé de six chevaux blancs richement caparaçonnés & conduits par un gros cocher à grande barbe. Derrière le carrosse se tenaient quatre grands diables de laquais tout chamarrés.

Jean, paré de ses beaux habits, qui ne laissaient

point de relever sa bonne mine, avait à la main le bouquet d'immortelles & au bras gauche l'écharpe de la princesse. Il fit deux fois le tour de la ville & passa deux fois devant les fenêtres du palais.

Au troisième tour, il tira sa bourse & jeta des poignées de florins à droite & à gauche, comme les parrains & marraines jettent chez nous des doubles & des patards, en revenant du baptême. Tous les petits polissons & les porte-sacs de la ville suivirent la voiture en criant : Hai! hai! du haut de leur tête.

Ils étaient au nombre de plus de mille, quand le carrosse arriva, pour la troisième fois, sur la place du palais. Le Rôtelot vit Ludovine, qui cousait près de la fenêtre, lever le coin du rideau & le regarder à la dérobée.

V

Le jour suivant, il ne fut bruit dans la ville que du seigneur étranger qui tirait les florins à poignées d'un boursicaut inépuisable. On en parla même à la cour, & la reine, qui était fort curieuse, eut un violent désir de voir ce merveilleux boursicaut.

« Il y a moyen de vous satisfaire, dit le roi. Qu'on aille de ma part inviter ce seigneur à venir faire ce soir un cent de piquet. »

Vous pensez si le Rôtelot eut garde d'y manquer. Le roi, la reine & la princesse l'attendaient dans leur petit salon ponceau. La reine & la princesse filaient pendant que le roi fumait sa pipe. Le chat tournait aussi son rouet au coin de la cheminée & le marabout babillait sur le feu.

Le roi demanda des cartes & invita Jean à s'attabler. Jean perdit une, deux, trois, six parties. Il crut s'apercevoir que le monarque trichait un peu, mais ce n'était point la peine : Jean faisait exprès de perdre.

L'enjeu était de cinquante florins, & chaque fois il vidait sa bourse qui se remplissait toujours.

A la sixième partie, le roi dit :

« C'eſt étonnant ! »

La reine dit :

« C'eſt surprenant ! »

La princesse dit :

« C'eſt étourdissant !

— Pas si étourdissant, fit le petit soldat, que votre métamorphose en serpent !

— Chut ! interrompit le monarque, qui n'aimait point ce sujet de conversation.

— Si je me permets de parler ainsi, continua Jean, c'eſt que vous voyez devant vous celui qui a eu le bonheur de tirer votre demoiselle des mains des gobelins, à preuve qu'elle m'avait promis de m'épouser pour la peine.

— Eſt-ce vrai? demanda le roi à la princesse.

— C'eſt vrai, repartit la belle Ludovine, mais j'avais recommandé à mon sauveur de se tenir prêt à l'heure où je passerais avec mon carrosse; j'ai passé trois fois, & toujours il dormait si bien qu'on n'a jamais pu le réveiller.

— Ce n'eſt point faute de m'être débattu contre ce maudit sommeil, soupira le petit soldat, mais si c'était un effet de votre bonté...

— Comment t'appelles-tu? demanda le monarque.

— Je m'appelle Jean de la Basse-Deûle, autrement dit le Rôtelot.

— Es-tu roi ou fils de roi?

— Je suis soldat & fils de batelier.

— Tu ne seras pas un mari bien cossu pour notre fille. Pourtant si tu veux nous donner ta bourse, la princesse eſt à toi.

— Ma bourse ne m'appartient pas, & je ne puis la donner.

— Mais tu peux bien me la prêter jusqu'au jour des noces, répliqua la princesse en lui versant de sa blanche main une tasse de café & en le regardant de ce singulier regard auquel Jean ne savait rien refuser.

— Quand nous marierons-nous?

— A Pâques, répondit le roi.

— Ou à la Trinité! » murmura tout bas la princesse.

Le Rôtelot ne l'entendit point, & laissa prendre sa bourse par Ludovine.

Le monarque alla quérir une bouteille de vieux schiedam pour arroser le marché; il invita le petit soldat à bourrer sa pipe, & tous deux causèrent si longtemps avec la bouteille, que Jean sortit du palais deux heures après que la cloche du beffroi eut sonné le couvre-feu. Il allait un peu en zigzag, &, bien qu'il fût nuit noire, car en ce temps-là on éteignait les réverbères à neuf heures, il voyait tout couleur de rose.

Le lendemain soir, il se présenta au palais pour faire son piquet avec le roi & sa cour à la princesse; mais on lui dit que le roi était allé à la campagne toucher ses fermages.

Il revint le surlendemain, même réponse. Il demanda à voir la reine; la reine avait sa migraine. Il revint trois, quatre, six fois, & toujours visage de bois. Il comprit qu'on s'était gaussé de lui.

« Pour un roi, voilà qui n'eſt point juſte, dit Jean en lui-même. Je ne m'étonne plus s'il trichait. Vieux filou! »

Pendant qu'il se dépitait ainsi, il avisa par hasard son manteau rouge.

« Par saint Jean, mon patron, s'écria-t-il, je suis bien sot de me faire de la bile. J'y entrerai quand bon me semblera dans leur cassine. »

Et le soir il alla se promener devant le palais, vêtu de son manteau rouge.

Il n'y avait qu'une seule fenêtre d'éclairée au premier étage. Une ombre se dessinait sur les rideaux. Jean, qui avait des yeux d'émouchet, reconnut l'ombre de la princesse.

« Je souhaite, dit-il, d'être transporté dans la chambre de la princesse Ludovine. » Et il y fut.

La fille du roi était assise devant une table, en train de compter des florins qu'elle tirait de la bourse inépuisable.

« Huit cent cinquante, neuf cents, neuf cent cinquante..,

— Mille! fit Jean. Bonsoir la compagnie. »

La princesse se retourna & poussa un petit cri.

« Vous ici! qu'y venez-vous faire? Que voulez-vous? Sortez! sortez, vous dis-je, ou j'appelle...

— Je viens, répondit le Rôtelot, réclamer votre promesse. C'eſt après-demain jour de Pâques, & il eſt temps de songer à notre mariage. »

Ludovine partit d'un grand éclat de rire.

« Notre mariage! Avez-vous bien été assez sot pour croire que la fille du roi des Pays-Bas épouserait le fils d'un batelier?

— En ce cas, rendez la bourse, fit Jean.

— Jamais! répliqua la princesse, & d'un mouvement rapide elle saisit la bourse & la mit dans sa poche.

— Ah! c'eft ainsi! dit le petit soldat. Rira bien qui rira le dernier. »

Il prit la princesse dans ses bras :

« Je souhaite, s'écria-t-il, d'être au bout du monde. »

Et il y fut, tenant toujours la princesse embrassée.

« Ouf! dit Jean en la déposant au pied d'un arbre. Je n'ai jamais fait un si long voyage. Et vous, mademoiselle? »

La princesse comprit qu'il n'était plus temps de rire & ne répondit mot. Étourdie d'ailleurs par une course aussi rapide, elle avait peine à rassembler ses idées.

VI

Le roi des Pays-Bas était un roi peu délicat, & sa fille ne valait guère mieux. Tarte pareille au pain, comme on dit chez nous. C'eft pourquoi la belle Ludovine avait été métamorphosée en serpent. Elle devait être délivrée par un petit soldat &, pour la peine, épouser son libérateur, à moins qu'il ne manquât trois fois de suite au rendez-vous. La rusée princesse s'était donc arrangée en conséquence.

La liqueur qu'elle avait fait boire à Jean, au château des gobelins, le bouquet d'immortelles & l'écharpe qu'elle lui avait donnés, étaient doués tous les trois d'une vertu dormitive. On ne pouvait boire la liqueur, contempler le bouquet, ni respirer le parfum de l'écharpe sans choir en un profond sommeil.

Dans ce moment critique, la belle Ludovine ne perdit point la tête.

« Je vous croyais simplement un pauvre batteur de pavé, dit-elle de sa voix la plus douce, mais je m'aperçois que vous êtes plus puissant qu'un roi. Voici votre bourse. Avez-vous là mon écharpe & mon bouquet?

— Les voici, » fit le Rôtelot charmé de ce changement de ton, & il tira de son sein le bouquet & l'écharpe. Ludovine attacha l'un à la boutonnière, & l'autre au bras du petit soldat :

« Maintenant, dit-elle, vous êtes mon seigneur & maître, & je vous épouserai quand ce sera votre bon plaisir.

— Vous êtes meilleure que je n'aurais cru, dit Jean touché de son humilité, & je vous promets que vous ne serez point malheureuse en ménage, parce que je vous aime.

— Bien vrai ?
— Bien vrai.
— Alors, mon petit mari, dites-moi comment vous avez fait pour m'enlever & me transporter si vite au bout du monde. »

Le petit soldat se gratta la tête :

« Parle-t-elle sincèrement, se dit-il, ou va-t-elle encore me tromper ? »

Mais Ludovine lui répétait : « Voyons, dites, dites, » d'une voix si câline & avec des regards si tendres qu'il n'y sut pas résister.

« Après tout, pensa-t-il, je peux lui confier mon secret, du moment que je ne lui confie point mon manteau. »

Et il lui révéla la vertu du manteau rouge.

« Je suis bien fatiguée, soupira alors Ludovine. Voulez-vous que nous dormions un somme ? Nous aviserons ensuite à ce qu'il faudra faire. »

Elle s'étendit sur le gazon & le Rôtelot l'imita. Il avait la tête appuyée sur son bras gauche, & comme il respirait à plein le parfum de l'écharpe, il ne tarda guère à s'endormir profondément.

Ludovine, qui le guettait de l'œil & de l'oreille, ne l'entendit pas plus tôt ronfler qu'elle dégrafa le manteau, le tira doucement à elle, s'en enveloppa, prit la bourse dans la poche du dormeur & dit : « Je désire être dans ma chambre ! » & elle y fut.

VII

Qui fut penaud? ce fut messire Jean, lorsqu'il s'éveilla, vingt-quatre heures après, sans princesse, sans bourse & sans manteau. Il s'arracha les cheveux, il se donna des coups de poing, il foula aux pieds le bouquet de la perfide & mit son écharpe en mille pièces.

« Décidément, dit-il, je crois que si on m'a appelé le Rôtelot, c'eſt que je n'ai point assez de méfiance & que je me laisse piper comme un oiselet. »

Mais ce n'eſt point tout de se désoler, encore faut-il vivre, & Jean avait une faim à faire rôtir les alouettes en l'air, rien qu'en les regardant. Se trouvait-il dans un désert ou dans un lieu habité, & quel serait le menu de son dîner? Voilà ce qui l'inquiétait en ce moment.

Du temps qu'il était petit garçon, il avait souvent ouï dire à sa grand'mère qu'au bout du monde les ménagères mettaient sécher le linge sur les barres de l'arc-en-ciel. C'eût été un bon moyen de reconnaître si l'endroit était habité : il eût suffi d'arriver après la lessive.

D'autre part, la brave femme lui avait aussi conté que la lune était une grosse pomme d'or; que le bon Dieu la cueillait quand elle était mûre, & qu'il la serrait avec les autres pleines lunes, dans la grande armoire qui se trouve au bout du monde, là où il eſt fermé par des planches.

Un quartier de lune n'eût pas été un mets à dédaigner pour un homme aussi affamé. Jean se sentait même d'appétit à avaler une lune tout entière.

Par malheur, il avait toujours soupçonné sa grand'mère de radoter un peu, & d'ailleurs il ne voyait ni clôture de planches, ni armoire, &, comme il n'avait pas plu, l'arc-en-ciel était absent pour le quart d'heure.

Le petit soldat leva le nez & reconnut, dans l'arbre sous lequel il avait dormi, un superbe prunier tout chargé de fruits jaunes comme de l'or.

« Va pour des mirabelles! dit-il. A la guerre comme à la guerre! »

Il grimpa sur l'arbre & se mit à table. Prodige incroyable! il eut à peine mangé deux prunes qu'il lui sembla que quelque chose lui poussait sur le front. Il y porta la main & sentit que c'étaient deux cornes.

Il sauta tout effrayé à bas de l'arbre & courut à un ruisseau qui jasait à quelques pas. C'étaient, hélas! deux charmantes cornes, qui auraient été du meilleur effet sur le front d'une chèvre, mais qui n'avaient point la même grâce sur celui du petit soldat.

Il recommença de se désespérer.

« Ce n'eſt pas assez, dit-il, qu'une femme me détrousse, il faut encore que le diable s'en mêle & me prête ses cornes! La jolie figure que j'aurai maintenant pour retourner dans le monde! »

Mais comme le malheureux n'était nullement rassasié, que ventre affamé n'a point d'oreilles, même quand il court risque d'avoir des cornes; qu'après tout, le mal étant fait, il ne pouvait guère en arriver pis, qu'enfin Jean n'avait pas autre chose à se mettre sous la dent, il escalada résolûment un second arbre, qui portait des prunes du plus beau vert, des prunes de reine-claude.

A peine en eut-il croqué deux que ses cornes disparurent. Le petit soldat, surpris, mais enchanté de ce nouveau prodige, en conclut qu'il ne fallait jamais se hâter de crier misère. Il apaisa sa faim, après quoi il eut une idée.

« Voilà, pensa-t-il, de jolies petites prunes qui vont peut-être me servir à rattraper mon manteau, ma bourse & mon cœur des mains de cette coquine de princesse. Elle a déjà les yeux d'une gazelle, qu'elle en ait les cornes! Si je parviens à lui en planter une paire, il y a gros à parier que je me dégoûterai de la vouloir pour femme. Le bel animal qu'une fille cornue ! »

Pour s'assurer de la double vertu des prunes, il recommença bravement l'expérience. Il fabriqua ensuite une manière de corbeille avec des brins d'osier qu'il cueillit le long du ruisseau, y déposa des prunes des deux espèces, puis il alla à la découverte. Il marcha plusieurs jours, ne vivant que de fruits & de racines, avant d'arriver à un endroit habité. Sa seule crainte était que ses prunes ne vinssent à se gâter en route : il reconnut avec bonheur qu'à leur merveilleuse propriété elles joignaient celle de se garder intactes.

Il souffrit vaillamment la faim, la soif, le chaud, le froid & la fatigue ; il faillit plusieurs fois être dévoré par les animaux féroces, ou mangé par les sauvages ; rien ne put le décourager. Il était soutenu par cette idée qu'il aurait sa revanche.

« Je leur prouverai, se disait-il, que, pour être petit & peu défiant de sa nature, le Rôtelot n'eſt mie plus bête que messieurs les rois, ses grands compères. »

Enfin, il parvint en pays civilisé, & avec le produit de quelques bijoux, dont il était paré le soir de l'enlèvement, il prit passage sur un vaisseau qui faisait voile pour les Pays-Bas. Il aborda, au bout d'un an & un jour, à la ville capitale du royaume.

VIII

Le lendemain de son arrivée, qui était un dimanche, il se mit une fausse barbe, se pocha un œil & s'habilla comme le marchand de dattes qui vient tous les ans à la kermesse de Valenciennes. Il prit ensuite une petite table & alla se poster à la porte de l'église.

Il étala sur une belle nappe blanche ses prunes de mirabelle, qui semblaient toutes fraîches cueillies, &, au moment où la princesse sortait de la messe avec ses dames d'honneur, il commença de crier, en déguisant sa voix :

« Prunes de madame ! prunes de madame !

— Je connais les prunes de monsieur, dit la princesse, mais je n'ai jamais ouï parler des prunes de madame. Combien valent-elles ?

— Cinquante florins la pièce.

— Cinquante florins ! Qu'ont-elles donc de si extraordinaire ? Donnent-elles de l'esprit, ou si elles augmentent la beauté ?

— Elles ne sauraient augmenter ce qui est parfait, divine princesse, mais elles peuvent y ajouter des ornements étrangers. »

Pierre qui roule n'amasse pas mousse, mais elle se polit. On voit que Jean n'avait point perdu son temps à courir le monde. Un compliment si bien tourné flatta Ludovine.

« Quels ornements? fit-elle en souriant.

— Vous le verrez, belle princesse, quand vous en aurez goûté. On tient à vous en faire la surprise. »

La curiosité de Ludovine fut piquée au vif. Elle tira la bourse de cuir & versa sur la table autant de fois cinquante florins qu'il y avait de prunes dans la corbeille. Le petit soldat fut pris d'une furieuse envie de lui arracher son boursicaut en criant au voleur, mais il sut se contenir.

Ses prunes vendues, il plia boutique, alla se débarrasser de son déguisement, changea d'auberge & se tint coi, attendant les événements, ou, comme on dit chez nous, les aveines levées.

A peine rentrée dans sa chambre : « Voyons, fit la princesse, quels ornements ces belles prunes ajoutent à la beauté. » Et, tout en ôtant ses coiffes, elle en prit une couple & les mangea.

Vous imaginez-vous avec quelle surprise mêlée d'horreur elle sentit tout à coup son front se fertiliser! Elle se regarda dans son miroir & poussa un cri perçant.

« Des cornes! voilà donc ce bel ornement! Le

misérable! qu'on m'aille quérir le marchand de prunes! qu'on lui coupe le nez & les oreilles! qu'on l'écorche! qu'on le brûle à petit feu & qu'on sème ses cendres au vent! Ah! j'en mourrai de honte & de désespoir. »

Ses femmes accoururent à ses cris & se mirent toutes après ses cornes pour les lui enlever, mais vainement. Elles ne parvinrent qu'à lui donner un violent mal de tête.

Le monarque alors fit annoncer à son de trompe que la main de sa fille appartiendrait à quiconque réussirait à la délivrer de son étrange coiffure.

Tous les médecins, tous les sorciers, tous les rebouteurs des Pays-Bas & des contrées voisines vinrent à la file proposer leurs remèdes. Les uns voulaient macérer, ramollir et dissoudre l'appendice au moyen d'eaux, d'onguents ou de pilules; les autres essayaient de le couper ou de le scier. Rien n'y fit.

Le nombre des essayeurs fut si grand & la princesse souffrait tellement de leurs expériences que le roi dut déclarer, par une seconde proclamation, que quiconque se proposerait pour guérir la princesse & échouerait dans son entreprise, serait pendu haut & court.

Mais la récompense était trop belle pour que l'élan universel pût être arrêté par une semblable perspective.

. 7.

Aussi tous les arbres des Pays-Bas donnèrent-ils, cette année-là, de singuliers fruits : chacun d'eux portait trois ou quatre pendus. Les corbeaux, par l'odeur alléchés, accoururent en bandes de tous les points de l'horizon. Il en vint une telle quantité que le ciel en était obscurci, & que ni la lune ni le soleil ne purent montrer le bout de leur nez.

Bien que l'air fût infecté par les exhalaisons de tant de corps morts, on remarqua, comme une chose extraordinaire, que les gens du pays ne s'étaient jamais si bien portés qu'après cette immense pendaison de médecins.

Il fallut que la princesse se résignât à garder ses cornes.

Pour la consoler, les seigneurs & les dames de la cour lui assurèrent effrontément qu'elles lui séyaient à merveille, & que, loin de la défigurer, elles ajoutaient je ne sais quelle grâce piquante à sa physionomie. Ils poussèrent même la flatterie jusqu'à manger le refte de la corbeille de prunes, & on ne vit jamais une cour si bien encornée que la cour du roi des Pays-Bas.

Comme il n'y en avait point assez pour que chacun en eût sa part, ceux ou celles qui ne purent en obtenir se firent planter des cornes poftiches. Bientôt on eftima cette coiffure fort belle, parce qu'elle était bien portée, & de là vint sans doute que plus tard, quand la mode en fut passée, on appela *raisons cornues* des raisons bizarres & extravagantes.

IX

Le monarque avait donné ordre qu'on se mît en quête du marchand de prunes, mais, malgré la plus extrême diligence, on n'avait pu le découvrir.

Lorsque le petit soldat crut qu'on ne songeait plus à le chercher, il exprima dans une fiole le jus des prunes de reine-claude, acheta chez un fripier une robe de médecin, — on les avait presque pour rien, — mit une perruque & des lunettes, puis il se présenta ainsi accoutré chez le roi des Pays-Bas.

Il se donna pour un fameux docteur étranger & promit de guérir la princesse, à la condition qu'on le laisserait seul avec elle.

« Encore un fou qui vient se faire pendre, dit le roi. Qu'on lui accorde ce qu'il désire. Il est d'usage de ne rien refuser aux condamnés à mort. »

Aussitôt que le petit soldat fut en présence de la princesse, il versa quelques gouttes de sa fiole dans un verre. La princesse n'eut pas plutôt bu que le bout des cornes disparut.

« Elles auraient parti entièrement, dit le faux médecin, si quelque chose ne contrecarrait la vertu de mon élixir. Il ne guérit radicalement que les malades qui ont l'âme nette comme un denier. N'auriez-vous point, par hasard, commis quelque menu péché? Cherchez bien. »

Ludovine n'eut pas besoin de se livrer à un long examen, mais elle flottait entre une confession humiliante & le désir d'être décornée. Le désir l'emporta.

« J'ai dérobé, dit-elle en baissant les yeux, une bourse de cuir à un petit soldat nommé Jean de la Basse-Deûle.

— Donnez-la moi. Le remède n'agira que lorsque j'aurai cette bourse entre les mains. »

Il en coûtait à Ludovine de se dessaisir de la bourse, mais elle réfléchit qu'il ne lui servirait de rien d'être immensément riche, si elle devait rester cornue.

Son père, d'ailleurs, n'avait-il pas assez de trésors?

Elle remit sa bourse au docteur, non pourtant sans soupirer. Il versa encore quelques gouttes de la fiole &, quand la princesse eut bu, il se trouva que les cornes n'avaient décru que de la moitié.

« Vous devez avoir quelque autre peccadille sur

la conscience? N'avez-vous rien pris à ce soldat que sa bourse?

— Je lui ai aussi enlevé son manteau.

— Donnez-le moi.

— Le voici. »

Ludovine se fit cette fois ce petit raisonnement que, la cure terminée, elle appellerait ses gens, & saurait bien forcer le docteur à reftitution.

Elle riait déjà sous cape à cette idée, quand tout à coup le faux médecin s'enveloppa du manteau, jeta loin de lui perruque & lunettes, & montra à la perfide les traits de Jean de la Basse-Deûle.

Elle refta muette de ftupeur & d'effroi.

« Je pourrais, dit Jean, vous laisser encornée pour le reftant de vos jours, mais je suis bon enfant, je me souviens que je vous ai aimée, & d'ailleurs, pour ressembler au diable, vous n'avez que faire de ses cornes! »

Il versa le refte de la fiole & disparut. La princesse vida le verre d'un trait & sans en laisser une seule goutte pour les dames de la cour.

X

Jean s'était souhaité dans la maison de la Mouette. La Mouette était assise près de la fenêtre, &, tout en raccommodant son filet, elle jetait de temps à autre les yeux sur la mer, comme si elle avait attendu quelqu'un. Au bruit que fit le petit soldat elle tourna la tête & rougit.

« C'eſt vous! dit-elle. Par où êtes-vous entré ? » Puis elle ajouta d'une voix émue : « Et votre princesse, vous l'avez donc épousée ? »

Jean lui raconta ses aventures, &, quand il eut fini, il lui remit la bourse & le manteau.

« Que voulez-vous que j'en fasse ? dit-elle. Votre exemple me prouve que le bonheur n'eſt point dans la possession de ces trésors.

— Il eſt dans le travail & dans l'amour d'une honnête femme, dit le petit soldat, qui remarqua alors, pour la première fois, les doux yeux couleur de violette. Chère Mouette, voulez-vous de moi pour mari ? & il lui tendit la main.

— Je veux bien, répondit la pêcheuse en rougissant de plus en plus fort, mais à une condition, c'eſt que nous remettrons la bourse & le manteau dans le vase de cuivre, & que nous rejetterons le tout à la mer. »

Et ils le firent.

La Mouette était une fille sage: elle avait deviné que ce qui vient de la flûte s'en retourne au tambour, & que le seul bien qui profite eſt le bien qu'on a gagné.

Jean de la Basse-Deûle épousa la Mouette, & ils vécurent aussi heureux qu'on peut l'être ici-bas, quand on sait borner ses désirs. C'eſt lui-même qui m'a conté son hiſtoire, & il ajouta en terminant :

« Je crois bien que si on m'a appelé le Rôtelot, c'eſt simplement que je ne brille point comme vous autres, grands Flandrins — par la taille. »

Le Blanc Misseron

I

u temps jadis, au temps où les bêtes parlaient, — je veux dire où les hommes, plus avisés qu'aujourd'hui, comprenaient le langage des animaux, — il y avait, dans la forêt d'Amblise, un misseron ou, si vous le préférez, un moineau qui était blanc comme neige.

Il ressemblait aussi peu de caractère que de plumage à ses frères, &, bien qu'il fût aussi franc du collier que le plus hardi de la bande, on ne pouvait lui reprocher d'être ni effronté, ni pillard, ni piailleur, & c'eſt pourquoi aucun de ses pareils ne voulait faire société avec lui.

Cela le désolait, car il était de nature amitieuse, & il souhaitait autant mourir que de vivre sans un ami. Il résolut d'en chercher un en dehors de son espèce.

Il offrit son amitié à l'ours, mais l'ours lui répondit malhonnêtement qu'il n'avait besoin de personne; il l'offrit au loup, mais le loup lui montra les dents; il l'offrit au renard, & le renard l'accepta, mais à son air faux & rusé, le misseron jugea tout de suite que le compère l'aimerait au point de déjeuner de son ami.

Il se rabattit alors sur le cheval, le bœuf & l'âne. Ils haussèrent les épaules & dirent : « Qu'avons-nous affaire d'un compagnon aussi chétif? Autant vaudrait se lier avec un moucheron. »

Le pauvre pierrot était de plus en plus triſte, car il se croyait digne d'avoir un ami & capable de lui rendre aide pour aide, protection pour protection.

Il se serait bien adressé à l'homme; mais l'homme eſt le plus méchant & le plus cruel de tous les animaux. En effet, si les loups mangent les moutons, c'eſt par obéissance à la loi de nature & afin de satisfaire leur appétit; tandis que l'homme fait le mal pour le mal, met les oiseaux en cage, quand il ne les met point à la broche, &

égorge ses semblables pour l'honneur & sans y être poussé par la faim.

II

Un jour du mois de mai que l'ennuyé misseron se promenait seul devers Quiévrechain, il trouva sur la route un vieux mâtin borgne, boiteux, efflanqué, & se traînant avec peine. Il fut ému de pitié & lui dit doucement :

« Où vas-tu, mon pauvre vieux ?

— Tout droit devant moi, comme un chien perdu, répondit le mâtin. J'ai longtemps & fidèlement gardé la maison. Aujourd'hui que me voilà presque infirme, mon maître a donné ma place à un jeune dogue & a voulu m'assommer. C'eſt pourquoi j'ai pris la clef des champs.

— Et comment s'appelle ce misérable ?

— Tafarot, le brasseur.

— Celui qui demeure dans cette grande cassine désolée, au bout de Quiévrechain, à deux pas de Quiévrain ?

— Celui-là même.

— Je le connais. Il a un grenier plein d'orge & un trou à son grenier. C'eſt un brutal. Je l'ai vu maintes fois bûcher sa femme... De sorte, mon pauvre chien, que tu n'as plus personne pour t'aimer & soigner tes vieux jours?

— Personne.

— Veux-tu que je sois ton ami?

— Je le veux bien : mais que pourras-tu pour moi, mon gentil misseron?

— Essayons toujours. Qui vivra verra. En attendant, tope-là! » Et les deux amis se touchèrent la patte.

III

Le blanc misseron, en voletant devant son compagnon, le conduisit à la cense de Vaucelle, qui était le quartier général des moineaux du pays. Chemin faisant, il rencontra une pie dont la langue allait comme un claquet de moulin.

« Où voles-tu de cette aile, en compagnie de ce clopineux? lui cria madame Van Bonbec.

— Ce clopineux eft mon ami, répondit fièrement le moineau.

— Miracle! le blanc misseron a trouvé un ami! » s'exclama l'agace.

Et elle prit les devants pour annoncer la nouvelle. « Vite! accourez tous! » disait-elle.

En un inftant, les deux compagnons furent entourés de plus de cent misserons qui venaient, d'un air impudent, regarder le chien sous le nez. Bientôt les quolibets commencèrent à pleuvoir dru comme grêle.

« Quel drôle d'ami !
— Il n'a qu'un œil !
— Il n'a que trois pattes !
— Eſt-il assez dépenaillé !
— Ce n'eſt qu'un vieux morceau d'ami !
— Où diable l'a-t-il rencontré ?
— Parbleu, à Péruwelz. C'était hier la *foire à loques.* »

Le blanc misseron reçut l'averse & répliqua sans se dégonder, je veux dire sans se déconcerter :

« Vous êtes tous jeunes, beaux, aimables & surtout forts en bec, c'eſt convenu. Et maintenant, tenez-vous cois & laissez les gens s'aimer en paix. »

IV

Le chien confia alors à son ami qu'il avait grand'faim.

« Il n'y a ici à becquer que pour les pierrots, lui dit l'autre, mais si tu veux donner un coup de patte jusqu'à Onnaing, je t'invite à dîner. »

Le mâtin accepta &, au bout d'une demi-heure, les deux compagnons firent leur entrée dans le village. En passant devant la boucherie, le misseron dit au chien :

« Refte là, & attends. »

Il alla se percher sur la lucarne du grenier, au-dessus de l'étal, tourna sa queue à la rue & laissa choir quelque chose sur un gros morceau de collier.

« Brigand de misseron ! » s'écria le boucher.

Il prit la viande, l'essuya avec son tablier, & il allait la remettre en place, quand il s'aperçut que la femme du mayeur, qui demeurait en face, le regardait derrière son rideau.

Il se ravisa, &, comme d'ailleurs la perte n'était pas grande, il jeta le lopin au chien, qui l'attendait assis sur sa queue & le nez en l'air. Le mâtin sauta dessus, hagne ! & s'enfuit dans un coin, où il l'eut bientôt avalé.

V

Les deux amis vécurent quelque temps ainsi, l'oiseau pourvoyant avec son induftrie aux besoins du chien, & d'Onnaing à Quiévrechain, dans toute la forêt d'Amblise, il n'était bruit que de l'amitié du mâtin & du blanc misseron.

Par malheur, le pauvre vieux s'affaissait de plus en plus, & il tombait quelquefois dans de longs sommeils, d'où il était difficile de le tirer.

Un jour, le misseron dit à son ami :

« Allons un peu voir du côté d'Onnaing où en eſt la chicorée, » & ils y furent.

En route, comme le soleil piquait & qu'il faisait lourd, le mâtin se sentit las & s'étendit sur le chemin pour dormir un somme.

« Ne te couche pas là, lui cria son camarade. Tu risques d'être escarbouillé. » Le chien dormait déjà si profondément qu'il ne l'entendait plus.

Le pierrot se posa au faîte d'un orme, &, tout en veillant sur son compagnon, il se mit à faire cuic... cuic... cuic... pour se désennuyer.

Dix minutes après, la sentinelle vit venir de loin un bourlat, comme qui dirait un haquet, conduit par Tafarot, le brasseur de Quiévrechain & l'ancien maître du mâtin.

Tafarot était un brasseur fort avancé pour ce temps-là. Il avait, bien avant ses confrères d'aujourd'hui, trouvé le moyen de fabriquer de la bière sans orge & sans houblon; mais les buveurs d'alors, gens grossiers & qui ne comprenaient pas le progrès, faisaient la grimace & refusaient la plupart du temps d'absorber les produits de son invention.

Même, il venait de reprendre, chez un cabaretier d'Onnaing, une tonne de bière de saison. Il avait eu beau prêcher, prêcheras-tu? on l'avait prié de la boire lui-même.

Il était d'humeur massacrante. D'ailleurs, il avait déjà avalé une vingtaine de pintes, & les houblons commençaient à dépasser les perches, je veux dire qu'il était dans les brindes, selon son habitude.

VI

A sa vue, le blanc misseron essaya d'éveiller son compagnon. Hélas! c'eſt en vain qu'il lui cria aux oreilles : « Vite, décampons, voici ton maître ! » Le chien, que la promenade avait fatigué, ne s'éveilla que pour retomber dans un sommeil de plomb. Le pierrot prit alors le parti d'aller au-devant du brasseur.

« Serait-ce un effet de votre bonté, notre maître, lui demanda-t-il poliment, de ne point écraser mon vieil ami qui dort là, sur la route?

— Que ne l'éveilles-tu pour qu'il se gare? répondit Tafarot d'une voix brutale.

— J'y ai fait mon possible. Il dort comme un loir & je n'ai pu y parvenir.

— En ce cas, tant pis pour lui! »

Et le brasseur poursuivit son chemin.

« Savez-vous que c'eſt votre chien fidèle, qui vous a servi durant dix ans? s'écria le misseron.

— Ah! c'eſt ce vieux gueux qui s'eſt sauvé, dit Tafarot. Je suis bien aise de le retrouver. »

Il dirigea son bourlat droit sur le dormeur.

« Arrête, méchant brasseur, arrête, ou tu t'en mordras les pouces!

— Vraiment! Et que pourras-tu me faire? » repartit dédaigneusement le brutal.

Il fouetta son limonier, & la roue passa sur le corps du pauvre mâtin, qui fut écrasé net. Le misseron poussa un cri, ses plumes se hérissèrent, ses yeux jetèrent des étincelles.

« Misérable! cria-t-il, tu as tué mon ami. Écoute bien ce que je te vas dire : tu payeras sa mort de tout ce que tu possèdes!

— Tu peux faire ce que tu voudras, laid mâle d'agache, répliqua le brasseur, je m'en moque comme d'une triboulette de petite bière! »

VII

Le blanc misseron s'envola, le cœur saignant. Il cherchait dans sa tête un moyen de venger le pauvre défunt, quand il retrouva sa commère la pie qui jacassait toute seule.

« Et ton ami, qu'eſt-ce que tu en as fait? lui demanda-t-elle.

— Hélas! femme de Dieu, le brasseur Tafarot me l'a écrasé, &, par-dessus le marché, il m'a traité de laid mâle d'agache.

— Laid mâle d'agache! Mais c'eſt moi qu'il insulte! Où eſt-il?

— Le voici qui vient.

— Ah! il vient... Eh bien! reſte là, mon camarade, & tu en verras de belles. »

Le moineau s'établit dans un buisson, & Tafarot arriva en faisant claquer son fouet.

« Dis donc, fieu, lui cria madame Van Bonbec, eſt-ce vrai que tu as traité le blanc misseron de laid mâle d'agache?

— Après?

— Tu vas m'ôter ton bonnet & me faire tout de suite tes excuses. »

Le brasseur haussa les épaules. A cette vue, rapide comme une flèche, l'oiseau s'abattit sur lui, saisit son bonnet par la houpette & l'enleva.

« Mon bonnet! mon bonnet! » cria Tafarot.

Et il poursuivit la pie en lui lançant des coups de fouet. Elle fut se percher au haut d'un peuplier.

Le brasseur grimpa sur l'arbre. Il n'était point à mi-route que la voleuse, le bonnet au bec, le narguait, à vingt pas de là, sur un frêne.

Tafarot descendit & trouva en bas trois Quaroubins qui, avec leurs courbets, allaient fagoter dans le bois. Les trois Quaroubins se tenaient les côtes de rire. Notre homme, furieux, assaillit l'arbre avec des pierres.

VIII

Pendant qu'il se démenait ainsi, le blanc misseron ne perdait point son temps. Il s'était posé sur le bourlat, &, à grands coups de bec, il déchiquetait le bouchon qui fermait le trou de la chantepleure.

Le bouchon était si vieux & pourri que la bière, en fermentant, aurait suffi à le pousser dehors. L'oiseau eut bientôt pratiqué une fuite par où coula le contenu du tonneau.

Las de poursuivre l'agace, Tafarot vint reprendre les guides. Il s'aperçut que la tonne égouttait, & fut tout ébahi de voir qu'elle était vide.

« Que je suis malheureux ! s'écria-t-il en gémissant.

— Pas encore assez ! » fit le misseron.

Il alla se percher sur la tête du limonier & recommença à jouer du bec. Le cheval aussitôt de ruer & de se cabrer.

« Attends, misérable avorton ! » s'écria Tafarot hors de lui.

Il saisit le courbet d'un des Quaroubins &, ne sachant plus ce qu'il faisait, il le leva sur l'oiseau. Celui-ci sauta de côté, & le coup tomba d'une si grande force sur la tête du cheval, qu'il l'étendit roide mort.

« Ah ! que je suis donc malheureux ! hurla le brasseur.

— Pas encore assez, répondit le misseron en s'envolant. C'eſt chez toi maintenant que tu me retrouveras. »

Le chef nu & la rage au cœur, Tafarot dégagea le limonier des brancards, &, comme il était aussi fort que méchant, il poussa devant lui son bourlat jusqu'à Quaroube. Il s'arrêta chez Faidherbe, afin de se consoler en buvant une pinte.

IX

Cependant sa femme l'attendait en apprêtant une carbonnade pour son souper. C'était une pauvre créature qu'il battait comme blé & qu'à force de coups il avait rendue presque idiote. Elle s'appelait Clara, d'où on avait fait Clarette & finalement Raclette, par allusion aux raclées qu'elle recevait toute la sainte journée.

Pendant que la carbonnade grillait, elle se souvint que la bière était sur le bas & qu'il fallait mettre un tonneau en perce. Si son brutal venait à rentrer sans que le pot de bière fût sur la table, elle était sûre d'attraper sa volée.

Raclette descendit donc à la cave, mit le tonneau en perce & le pot sous le tonneau. A peine avait-elle ouvert le robinet qu'elle ouït un grand bruit, comme d'un millier d'oiseaux qui s'abattaient sur le toit.

Vite, elle remonta pour s'assurer de ce qu'il en était. Arrivée au grenier, elle faillit tomber à la renverse, en voyant plus de cent pierrots qui dévoraient le grain à bec que veux-tu. C'était le blanc misseron qui venait d'amener là tous les moineaux du pays.

En quittant Tafarot, il était allé droit à la cense de Vaucelle, &, rassemblant ses frères, il leur avait révélé qu'il connaissait un grenier plein d'orge de mars, aussi tendre que du blé, & un trou pour entrer dans ce grenier.

Tous étaient partis comme un seul homme, & ils formaient un nuage si épais que, sur leur passage, les gens se signaient, croyant à une éclipse.

Raclette essaya de les chasser : ils voletèrent autour d'elle sans quitter la place. Elle s'avisa d'ouvrir la lucarne; ils ne sortirent pas davantage, au contraire. Ceux qui attendaient dehors entrèrent en foule.

Raclette descendit dare dare pour prendre un bâton. Ne voilà-t-il pas qu'au bas de l'escalier elle rencontra le nouveau chien de garde qui s'enfuyait la carbonnade à la gueule!

La ménagère se mit à sa poursuite. Malheureusement, il gagna la campagne & elle ne put l'atteindre.

La bonne femme revint alors pour fermer le robinet du tonneau, mais, tandis qu'elle courait à travers champs, la bière avait coulé dans la cave. La tonne était vide & la cave inondée.

« Seigneur! dit Raclette, que vais-je faire pour qu'il ne voie point ce gâchis? »

Elle remonta fort en peine & avisa un sac de

farine que le meunier avait apporté la veille. Dans sa simplicité, elle pensa que, si elle semait la farine, celle-ci boirait la bière & nettoyerait le pavé.

Le sac était lourd. En le descendant, Raclette renversa le pot, & son contenu fut perdu comme le reste. C'était le dernier pot de bière qu'il y eût dans la maison, les autres tonneaux n'étant point assez rassis pour qu'on pût les mettre en perce.

X

Un peu après, Tafarot arriva rond comme une grive & gai comme un jour de pluie. Ayant rencontré chez Faidherbe deux archers d'Onnaing qui venaient de tirer de l'arc à la ducasse de Mons, il avait bu avec eux plus de trente pintes sans pouvoir dissiper son chagrin.

Du plus loin que sa femme l'aperçut, elle lui cria :

« Monte vite au grenier, mon homme, il y a là plus de mille misserons qui mangent tout notre grain. »

Le brasseur y grimpa quatre à quatre, armé de sa crosse. Les bras lui churent quand il vit, en effet, un millier de moineaux attablés devant les tas d'orge. Au milieu d'eux, le blanc misseron, pareil à un général, semblait commander la manœuvre.

« Tonnerre ! » s'écria Tafarot, & il commença de s'escrimer de droite & de gauche, vli, vlan, en veux-tu, en voilà !

Quelques pierrots payèrent leur gourmandise de leur vie ; les autres eurent bientôt délogé en se culbutant. Le brasseur put alors juger de l'étendue de son désastre. Les trois quarts de son orge s'étaient envolés avec les maudits pillards.

« Dieu de Dieu ! suis-je assez malheureux ! s'écria-t-il derechef en s'arrachant les cheveux.

— Pas encore assez ! répondit le misseron, sortant du coin où il s'était caché. Ta cruauté te coûtera la vie ! »

Et il prit son vol.

Tafarot jeta sa crosse après lui, mais elle ne l'atteignit point. Elle alla choir sur la tête du chien qui rentrait au gîte, & qui fut bien surpris de voir les coups de bâton lui tomber du ciel.

XI

Le brasseur & sa femme descendirent à la cuisine & s'assirent, la tête basse & les bras ballants, en face l'un de l'autre. Tafarot apprit alors à sa ménagère tous les malheurs qui lui étaient arrivés.

Elle n'osa trop rien dire, mais au fond de l'âme elle ne trouva point que le blanc misseron eût si grand tort. Pourquoi son mari avait-il écrasé le pauvre vieux chien qu'elle aimait, elle aussi, comme un compagnon de souffrance ?

A force de pousser des soupirs, le brasseur en vint cependant à s'apercevoir que, s'il avait le cœur gros, il n'en avait pas moins le ventre creux.

Ce fut au tour de sa femme de lui conter l'histoire de la carbonnade, du tonneau de bière & du sac de farine, perdus par la malice du misseron.

En toute autre circonſtance, il eût moulu de coups sa Raclette. Accablé par cette implacable persécution, il ne put que répéter une dernière fois :

« Ah ! Satan ! que je suis misérable !

— Pas encore assez ! cria une voix. Ta cruauté te coûtera la vie ! »

C'était l'éternel misseron qui se tenait en dehors, sur l'appui de la fenêtre. Tafarot bondit comme un chat en furie, saisit un escabeau & le lança dans les vitres qui volèrent en éclats.

Le blanc misseron eut l'audace d'entrer dans la chambre. Le brasseur lui jeta tout ce qui lui vint sous la main : les poêlons, les casseroles, les plats, les assiettes, les chaises & les bancs, sans pouvoir l'atteindre.

Il finit pourtant par l'attraper.

« Tords-lui le cou ! dit sa femme qui craignait de voir souffrir le petit animal.

— Non ! fit Tafarot écumant de rage, il en serait quitte à trop bon marché. Nous allons d'abord lui apprendre à chanter, en lui brûlant les yeux comme aux pinsons ; puis nous lui arracherons une à une les plumes, les ailes & les pattes. Mets le tisonnier au feu. »

Raclette obéit. Quand le tisonnier fut rouge, son mari lui commanda de l'approcher. Il sentait avec délices le pauvre oiseau palpiter dans ses mains.

Soudain le blanc misseron leva la tête & cria de toute sa force : « Brasseur, il t'en coûtera la vie ! »

Tafarot tressaillit. Il était vert de fureur & grinçait des dents. A cette vue, Raclette eut peur, &, par mégarde, elle lui brûla la main.

Ne se possédant plus, il lâcha le moineau & appliqua à sa femme un soufflet dont elle vit plus de dix mille chandelles.

Il voulut alors rattraper le misseron ; il l'aperçut sur l'appui de la fenêtre, hors de sa portée. L'oiseau le regardait d'un air qui acheva de l'exaspérer.

Il saisit un couteau & en frappa Raclette. La malheureuse poussa un cri & s'évanouit. Il crut l'avoir tuée, &, tournant sa rage contre lui-même, il se plongea le couteau dans le cœur.

Raclette n'avait qu'une légère blessure, dont elle guérit bientôt ; mais Tafarot tomba mort & le blanc misseron s'envola à la cense de Vaucelle, plus fier & plus heureux qu'un Dieu : il avait vengé son ami.

XII

L'aventure fut bientôt célèbre dans tout le pays. Il s'établit, en face de la brasserie, un cabaret qui prit pour enseigne : *Au Blanc Misseron*.

On y vint en foule ; peu à peu il se forma un

hameau en cet endroit & on lui donna le nom de l'enseigne, qu'il garde encore de nos jours.

Les Belges racontent volontiers cette hiftoire. Elle prouve qu'il ne faut dédaigner personne, qu'il n'y a ni petit ami, ni petit ennemi, que le courage l'emporte sur la force, & que, si la Belgique eft tout au plus grande comme un mouchoir à bœufs, les Belges n'en sont pas moins à eftimer & à craindre, savez-vous; car ce sont eux qui ont pris la ville d'Anvers, godverdom! &, comme dit la chanson des Borins :

> Wasmes, Pâturages, Frameries
> Et Bouveries,
> Jemmapes & Quaregnon,
> Ces villages ont du renom !
> Ils sont capables de faire feu
> Sur tous les audacieux !

Manneken-Pis

I

**u temps jadis**, il y avait au hameau de Boschfort, dans le bois de la Cambre, à deux lieues de Bruxelles, en Brabant, un sabotier qui vivait pauvrement, avec ses trois fils, de la vente de ses sabots. Or, un matin, ce sabotier vit s'arrêter devant sa cabane un vieil homme qui s'appuyait péniblement sur un bâton.

Cet homme, à longs cheveux blancs, à grande barbe & portant un tablier de cuir, était rendu de fatigue, &, de plus, si mal chaussé que ses souliers semblaient près de le laisser en route.

« Eft-ce que vous ne pourriez mie, demanda-t-il au maître de la hutte, m'indiquer l'échoppe d'un savetier?

— Il n'y a par ici ni savetiers ni cordonniers, répondit l'autre. Nous sommes tous sabotiers de père en fils &, de notre vie vivante, nous n'avons porté de souliers. »

Le voyageur parut désappointé.

« Mais vous-même, reprit le sabotier en regardant son tablier de cuir, n'êtes-vous point cordonnier de votre état?

— Je l'ai été, repartit l'inconnu, &, bien que les cordonniers soient d'ordinaire fort mal chaussés, j'ai vraiment honte à traverser ainsi la capitale du royaume des Pays-Bas. Vendez-moi donc, je vous prie, une paire de sabots. »

Il entra dans la hutte &, après avoir trouvé chaussure à son pied, il ouvrit son escarcelle. Le sabotier s'aperçut qu'elle ne contenait que cinq sous, &, prenant en pitié la misère du vagabond, il lui dit :

« Gardez votre argent, fieu de Dieu. Ce n'eft point moi qui priverai de ses derniers patards un pauvre vieux las d'aller tel que vous.

— Puisque vous avez l'âme si bonne, répondit l'étranger, je ne veux point vous le céder en honnêteté. Laissez-moi vous conter une hiftoire. Pour n'être point d'aujourd'hui, elle n'en eft pas moins véritable.

Après l'arbre de vie & le fatal pommier qui damna le genre humain, le plus bel arbre du paradis terreftre était un superbe pêcher. Ce fut aussi le seul qui refta sur la terre quand, par la faute d'Adam, le jardin des délices disparut de ce monde.

Or, il y a dix-huit cents ans, j'ai été condamné, pour avoir manqué de charité, à un voyage qui n'eft point près de finir.

Un jour que je passais par l'endroit où verdoyait jadis le paradis, je vis le merveilleux pêcher, & j'y cueillis trois pêches.

Je les mangeai dans le dessein de me fortifier le cœur contre les fatigues d'un si long pèlerinage, & je gardai les noyaux, afin d'en faire don à ceux qui pratiquent sincèrement l'amour du prochain, que j'avais si mal pratiqué.

Depuis dix-huit cents ans que je parcours le monde, je n'en ai encore placé que deux. J'ai offert le premier à saint Martin, patron des francs buveurs, quand, à la porte d'Amiens, il partagea son habit avec un faux invalide qui n'était autre que Belzébuth; j'ai offert le second au roi Robert de France, lorsque, surprenant un pauvre diable de voleur qui coupait la frange de son manteau, il le pria débonnairement d'en laisser pour un autre.

Voici le troisième ; acceptez-le, vous qui, manquant de tout, m'avez donné le seul bien qui vous appartienne, le produit de votre travail.

— Merci, l'homme de Dieu, fit le sabotier ; & il prit le noyau, tandis que ses fils ouvraient des yeux grands comme des portes de grange.

— Mais, notre maître, dit alors Petit-Pierre, le culot de la famille, si vous voyagez depuis dix-huit cents ans, c'eſt donc vous qui...

« — Oui, c'eſt moi, mes enfants,
Qui suis le Juif errant, »

répondit sur un air bien connu Isaac Laquedem, car c'était lui, &, après avoir repris son bâton, il se remit en route pour Bruxelles où, comme chacun sait, il fut accoſté par des bourgeois fort dociles qui le régalèrent d'un pot de fraîche bière, en le priant de raconter son hiſtoire.

II.

Le sabotier & ses fils ne revirent plus jamais le Juif errant, mais ils plantèrent le noyau dans leur courtil. Le noyau germa & devint un arbre extraordinaire.

Il portait quatre fois l'an, aussi bien le printemps que l'été, l'hiver que l'automne, & les pêches les moins bonnes n'étaient point celles qui mûrissaient au vent de bise.

Il faut savoir que le trône des Pays-Bas avait alors pour maître un monarque fort gourmand, digne petit-fils d'Adam, de qui nous descendons tous, monarques & sabotiers.

Ce roi aimait passionnément les pêches, & comme on n'avait point encore inventé les serres pour remplacer le soleil, il était désolé de n'en pouvoir manger à Noël ou à la Chandeleur.

Il lui arriva même une fois, en faisant réveillon, de dire qu'il donnerait de bon cœur sa fille en mariage au beau premier qui lui apporterait une corbeille de pêches pour son dessert. Le propos en vint aux oreilles du sabotier.

Le merveilleux pêcher se couronnait justement de ses fruits, & c'était un rare & curieux spectacle de le voir balancer son front vermeil sous le ciel gris de nuages, sur la terre blanche de neige.

« Voilà, se dit le sabotier, une riche occasion d'établir l'aîné de mes fils. Il épousera la princesse &, après la mort du beau-père, il régnera sur les Pays-Bas, ce qui est un métier moins fatigant que de faire des sabots. »

Il cueillit les plus belles pêches, les déposa soigneusement dans un petit panier & envoya son fils au palais du roi. Le jeune sabotier partit à travers la futaie.

En passant près de l'abbaye de la Cambre, à l'endroit qu'on appelle *le Trou du Diable*, il rencontra une vieille pauvresse toute ratatinée qui ramassait du bois mort.

« Qu'eſt-ce que vous portez donc dans ce panier, mon petit fieu? lui cria-t-elle.

— Des glands à votre service, la vieille! répondit le gars, qui n'était pas très-bien élevé pour un prince en herbe.

— Eh bien! fieu, répliqua la grand'mère, je souhaite que ce soient les plus beaux glands qu'on ait jamais vus. »

Le messager se présenta à la porte du palais &, quand il eut dit qu'il apportait des pêches pour le dessert royal, on le conduisit devant le monarque, qui juſtement était à table.

Il ouvrit son panier, & jugez de sa surprise lorsqu'au lieu de pêches il y trouva des glands gros comme des pétotes, ou, si vous le préférez, des pommes de terre.

« Godverdom! pour quelle bête me prend-on?» s'écria le roi en jetant sa serviette.

Le messager n'eut que le temps de détaler & retourna tout courant chez son père.

« Eh bien ? dit le sabotier.

— On ne m'a mie laissé entrer, » répondit le jeune drôle.

Le père, qui le connaissait menteur & gourmand, pensa qu'il avait mangé les pêches, au lieu de les porter au palais. Le lendemain, il en cueillit d'autres & les envoya par son fils cadet.

Arrivé au Trou du Diable, le gars rencontra la pauvresse qui lui dit :

« Qu'eft-ce que vous portez donc là, mon petit fieu ?

— Des crapauds qui t'ont vue au sabbat, vieille sorcière, répondit celui-ci, qui était encore plus mal embouché que son aîné.

— Eh bien ! fieu, je souhaite que ce soient les plus beaux crapauds qu'on ait jamais vus. »

En effet, quand le panier fut ouvert devant le roi, il en sortit d'énormes crapauds qui se mirent à marcher, noirs, gluants, hideux, sur la belle nappe blanche.

Le roi, la reine & la princesse se levèrent en poussant un cri d'horreur. Le monarque allongea à l'insolent commissionnaire un grand coup de pied qui l'envoya cogner de la tête un domeftique, lequel le repoussa sur un autre, qui le rejeta sur un troisième, & c'eft ainsi que, de bourrade en bourrade, le garnement gagna la porte, trop heureux d'en être quitte à si bon marché.

III

Le souverain déclara alors par un édit que le premier qui, sous couleur de pêches, lui apporterait encore des glands ou des crapauds, il le ferait pendre à la flèche du beffroi.

Le sabotier voulut savoir de ses fils ce que cela signifiait, mais ils se gardèrent bien de lui avouer comment, par leur malhonnêteté, les pêches s'étaient changées en route.

Le pauvre homme ne pouvait se consoler de ce qu'ils eussent manqué une si belle occasion d'épouser une princesse.

« J'irais bien, moi, si on m'y envoyait, » dit Petit-Pierre.

Petit-Pierre paraissait plus avisé que ses frères; mais autant ceux-ci étaient gros, joufflus & vermeils, autant il avait l'air maigre, chétif & pâlot. C'eft à ce point qu'on ne l'appelait jamais que le criquet ou le sautériau d'août.

« Quelle apparence que le sautériau réussisse mieux que ses frères? pensait le sabotier. Jamais d'ailleurs la princesse ne voudra épouser un pareil criquion. »

La récompense était pourtant si tentante qu'après avoir balancé toute une semaine, il se décida à dépêcher Petit-Pierre.

Celui-ci, comme les autres, rencontra la vieille au Trou du Diable, &, quand elle lui demanda ce qu'il portait dans son panier, il répondit poliment :

« Des pêches, ma brave femme, pour le dessert du roi.

— Eh bien! fieu, je souhaite que ce soient les plus belles pêches qu'on ait jamais vues.

— Que Dieu vous entende, bonne grand'mère! »

Et Petit-Pierre continua son chemin.

Lorsqu'il arriva à la porte du palais, la sentinelle eut pitié de lui & voulut l'empêcher de courir à sa perte, mais il insista tellement qu'on finit par l'introduire.

Il laissa ses sabots derrière l'huis & entra bravement dans la salle à manger. Aussitôt qu'il eut ouvert son panier :

« Godverdom! les belles pêches! » s'écria le roi, dont les yeux brillèrent comme des lumerotes.

Et de fait, elles étaient superbes, blanches & roses, couvertes d'un mignon duvet & presque aussi grosses que les balles d'argent qu'on donne chez nous pour prix du jeu de paume.

Le monarque, avec son petit couteau d'or,

commença d'en peler une, en passant sa langue sur ses lèvres. La chair lui en parut si parfumée qu'il les expédia toutes sur-le-champ. Il s'aperçut seulement, au dernier quartier de la dernière pêche, qu'il oubliait d'en offrir à la reine & à la princesse.

Quand son assiette fut pleine de noyaux, il s'avisa de la présence de Petit-Pierre. Il le toisa de la tête aux pieds &, fronçant le sourcil :

« Qu'eſt-ce que tu fais là, manneken? »

Vous saurez qu'en flamand *manneken*, qu'on prononce *menneke*, veut dire petit homme.

« J'attends, sire, répondit le sautériau.

— Quoi?

— La récompense que Votre Majeſté a promise.

— Ah!... comment t'appelles-tu?

— Petit-Pierre.

— Et que fais-tu de ton métier?

— Des sabots, sire.

— Mais je ne veux mie devenir sabotière! s'écria la princesse.

— Oh! je changerai d'état, mademoiselle, si le mien vous déplaît.

— Et tu apprendras celui de roi? demanda le monarque.

— Oui, sire, pourvu que Votre Majeſté veuille bien me l'enseigner.

— Eh bien! fieu, tu vas commencer tout de suite ton apprentissage. »

Le roi des Pays-Bas avait le bec plus fin que la conscience délicate. Morceau avalé, comme on dit, n'a plus de goût, & c'eſt pourquoi il cherchait un prétexte hónnête de manquer à sa parole.

Il parla à l'oreille d'un valet qui sortit & rentra bientôt avec une manne où se trouvaient douze petits lapins blancs.

« Écoute, manneken, dit-il alors au sautériau, les rois ne sont pas autre chose que des bergers; mais les hommes, sais-tu, sont plus malaisés à conduire que les moutons. Tu vois ces douze petits lapins. Tu vas les aller paître au bois & si, durant trois jours, tu nous ramènes ton troupeau au complet, c'eſt que tu as des dispositions pour le métier de roi, & que, plus tard, tu pourras tenir notre houlette. »

Un éclat de rire général accueillit ce beau discours. Petit-Pierre vit bien que le monarque se moquait de lui, mais, comme il n'avait point d'autre parti à prendre :

« J'essayerai, » fit-il sans se déconcerter, &, tirant sa révérence, il se dirigea vers le bois, suivi du domeſtique qui portait les lapins.

IV

Lorsqu'on fut au Trou du Diable, le valet ouvrit le panier, d'où les lapins s'enfuirent dare dare dans tous les sens.

« Au revoir à vous treize! » dit-il d'un ton goguenard au berger, qui n'eut pas l'air de l'entendre.

Petit-Pierre ne s'amusa point à courir après ses bêtes. Il les regarda fuir tout en busiant &, quand la dernière eut disparu, il reprit lentement le chemin de Boschfort.

Il pensait à part lui que la princesse était bien jolie & qu'il eût été bien agréable de réussir à garder les lapins, ne fût-ce que pour se revancher des éclats de rire & rendre au monarque la monnaie de sa pièce. Il n'eut point fait vingt pas que la vieille grand'mère se trouva tout à coup devant lui.

« Eh bien! mon petit fieu, lui dit-elle, avez-vous eu une bonne dringuelle?

— Pas trop bonne, grand'mère. Le roi avait à peine fini de manger mes pêches qu'il m'a envoyé paître... ses lapins.

— Et tu n'y es pas allé?
— Si fait.
— Eh bien?
— Eh bien! on ne les a point plus tôt lâchés dans le bois qu'ils ont pris leurs jambes à leur cou.
— Il faut les rappeler.
— Mais comment?
— Avec ceci. »

Et elle lui tendit un petit sifflet d'argent.

« Merci, grand'mère, » dit le sautériau, & il donna, sans hésiter, un grand coup de sifflet.

Aussitôt les douze lapins blancs d'accourir, par sauts & par bonds, de toute la vitesse de leurs pattes. Il renouvela deux ou trois fois l'expérience, & toujours elle réussit à souhait.

Pierre, enchanté, laissa alors son troupeau brouter le thym & le serpolet, & s'en alla près de là, au cabaret du *Noir-Mouton,* boire une pinte en fumant sa boraine.

Le soir, qui fut penaud? Ce fut le roi quand il vit revenir Petit-Pierre poussant devant lui ses douze lapins & faisant : Prrrou! prrrou! du haut de sa tête.

« Eſt-ce que le drôle serait sorcier? dit le monarque à ses courtisans. C'eſt égal, il n'eſt point possible, savez-vous, qu'un pareil manneken épouse l'héritière présomptive du trône des Pays-Bas.

— Si Votre Majefté le permet, hasarda le sire de Nivelle, je me fais fort que le manneken ne ramènera pas demain son troupeau au complet.

— Va, mon ami, répondit le souverain, &, si tu réussis, je te donne ma fille, malgré que tu ne sois point fils de roi, sais-tu, & que tu me paraisses bien gros pour la rendre heureuse. »

Le sire de Nivelle était gros, en effet, comme un tonneau, & il ne fallait pas moins qu'une pareille rencontre pour qu'il osât prétendre à la main de la princesse.

Le lendemain, il s'en alla au bois avec son chien, & se mit en quête de Petit-Pierre.

V

Le sautériau, pour passer le temps, avait coupé une branche de sureau & il était en train de fabriquer une canonnière ou plutôt, comme on dit chez nous, une arbute, quand il avisa de loin le gros seigneur. Vite, d'un coup de sifflet, il rassembla son troupeau.

« Hardi! Miraud, hardi! » cria le sire à son chien.

Miraud était un fameux lévrier. Son maître

comptait qu'il ferait une telle peur aux lapins qu'ils s'enfuiraient à tous les diables; mais, chose singulière! ils l'attendirent de pied ferme &, loin de courir au gibier, Miraud se tint sur les talons du sire, la queue & l'oreille basses.

Voyant sa ruse échouer, celui-ci suivit l'exemple des chasseurs, quand ils reviennent le carnier vide. Il s'approcha du sautériau.

« Berger, lui dit-il en soufflant comme un bœuf, tu as là de bien jolis lapins. Veux-tu m'en vendre un?

— Mes lapins ne sont ni à vendre ni à donner, répondit le sautériau. Ils sont à gagner.

— Ah!... & que faut-il faire pour les gagner?

— Me prêter votre figure afin que je m'exerce à tirer à la cible.

— Je ne comprends pas.

— C'eſt pourtant bien simple. Je viserai votre pleine lune & son gros nez me servira de petit noir, encore qu'il soit rouge.

— Quoi! marmouset, tu oses...

— Voilà, fieu. C'eſt mon idée.

— Voyons, trêve de plaisanterie! Combien veux-tu de ton lapin?... Mille escalins? »

Pierre, sans répondre, se mit à bourrer son arbute avec de petites balles d'écorce de peuplier.

« Dix mille? »

Il haussa les épaules.

« Vingt mille ? »

Il envoya un projectile sur le nez de Miraud.

Le seigneur comprit qu'il n'en démordrait point. Il se dit qu'un moment de honte eft bientôt passé, &, qu'après tout, lorsqu'on a le malheur de ressembler à un muid, on ne saurait acheter trop cher l'agrément d'épouser une princesse belle comme le jour.

« Ainsi, tu me donneras un de tes lapins?

— Oui, seigneur, sitôt que je l'aurai mis dans le petit noir. »

Le sire de Nivelle regarda de tous côtés s'il ne venait personne.

« Soit! dit-il, mais dépêchons. »

Il s'essuya le front & se plaça à la diftance voulue.

Pendant que les lapins broutaient l'herbe, trottaient, jouaient à cache-cache, Pierre s'amusa gravement à chasser dans la belle face ronde du gros seigneur une grêle de petits bouchons qui rebondissaient sur la peau comme des balles sur un tamis.

Miraud regardait la scène à l'écart, assis philosophiquement sur son derrière.

Le malin sautériau visait tantôt l'œil droit, tantôt l'œil gauche, tantôt la bouche. Jamais il n'atteignait le nez.

« Touché! s'écriait le sire de Nivelle.

— Non, fieu.

— Si.

— Je ne joue plus, fieu de Dieu, si vous trichez. »

Au bout d'un quart d'heure, ses munitions commençant à s'épuiser, Pierre le mit dans le petit noir, & donna un de ses lapins au seigneur qui partit sans demander son refte.

Il n'était point à une portée d'arbalète qu'un coup de sifflet retentit. Prouf! le lapin sauta à terre.

« Ici, Miraud, ici! » cria le sire de Nivelle à son chien qui avait pris les devants.

Mais, au lieu d'obéir, Miraud se sauva à toutes jambes, & de là vient qu'on dit en commun proverbe :

> C'eft le chien de Jean de Nivelle,
> Il s'enfuit quand on l'appelle.

Le seigneur retourna au palais avec sa courte honte, & ne souffla mot du tir à la cible.

C'eft pourtant en mémoire de ce haut fait que les gens de Nivelle ont mis plus tard sa ftatue en fer sur la tour de Sainte-Gertrude, & qu'on l'y voit encore aujourd'hui sonner l'heure à coups de marteau.

VI

« Si on m'y laissait aller, proposa timidement la princesse, il me semble que je ne reviendrais point les mains vides.

— Va, ma fille, dit le monarque, sauve l'honneur de la couronne, & prouve au monde que tu n'es pas faite pour devenir sabotière, godverdom! »

Quelques heures plus tard, Petit-Pierre vit venir de son côté une jeune & fraîche laitière en sabots, cotillon rouge, casaquin noir & tablier blanc. Elle portait sur la tête une cruche ou, pour mieux dire, une cane de cuivre jaune qui brillait au soleil comme de l'or.

« Voici du nouveau, » pensa-t-il.

Et il siffla ses lapins.

La princesse passa, en criant d'une voix claire & traînante :

« Il ne faut point de lait?

— Hé! la belle laitière, vendez-m'en pour un sou, fit Petit-Pierre, qui, prenant goût au jeu, ne voyait aucun inconvénient à engager la partie.

— Volontiers, gentil bergeolin. »

Et, versant du lait dans le couvercle de la cane, la fausse laitière le présenta au sautériau.

« Oh! les jolis lapins blancs! dit-elle en feignant la surprise. Donnez-m'en un.

— Les lapins de mon troupeau ne sont ni à donner, ni à vendre, fille. Ils sont à gagner.

— Et comment les gagne-t-on?

— En embrassant le berger. »

La princesse, choquée d'une telle hardiesse, faillit se trahir, mais elle réfléchit que, le petit sabotier croyant avoir affaire à sa pareille, sa prétention n'avait rien d'offensant, que cette galanterie à la paysanne ne tirait nullement à conséquence, qu'enfin, si jamais baiser avait été innocent, c'était bien celui-là, puisqu'on ne le laissait prendre que pour se débarrasser du pauvre bergeolin.

Elle tendit donc en rougissant sa joue & son tablier, puis elle partit comme une flèche, emportant sa cruche & son lapin.

Elle n'avait point fait cent pas que, prouf! voilà le lapin qui saute hors du tablier. La princesse le rattrapa au vol, mais il l'égratigna si bien que force lui fut de le lâcher.

Une heure après, le sautériau ramenait son troupeau au complet.

« Il n'eſt chasse que de vieux chiens, dit le

roi. C'est demain le dernier jour. J'irai moi-même, & nous verrons si je reviendrai bredouille. »

VII

Le lendemain, Petit-Pierre aperçut dans la drève un abbé monté sur sa mule. La présence du saint homme, à deux pas de l'abbaye de la Cambre, lui parut chose assez naturelle; pourtant il se tint sur ses gardes & rappela ses lapins.

Quand l'abbé fut tout près, le sautériau ôta son bonnet & se signa dévotement. Le bon père lui donna sa bénédiction. Petit-Pierre remarqua qu'il avait le capuchon rabattu comme pour se garantir du soleil.

« Qu'est-ce que tu fais donc là, mon petit fieu? demanda l'abbé qui semblait déguiser sa voix, de même qu'il cachait sa figure.

— Vous le voyez, mon père, je garde mon troupeau.

— Ah! tu es berger.

— Oui, berger, comme votre Révérence, comme le roi, notre maître, ou comme notre saint-père le pape, sauf que mes ouailles sont des lapins.

— De jolis petits lapins, godv... Veux-tu m'en vendre un ?

— Je te connais, beau masque, » dit tout bas Petit-Pierre.

Puis tout haut :

« Monsieur l'abbé, mes lapins ne sont ni à vendre, ni à donner. Ils sont à gagner.

— Et comment les gagne-t-on ?

— Comme le ciel, monsieur l'abbé, par l'humilité. Si vous aviez une grâce à demander à notre saint-père le pape, que feriez-vous ?

— J'irais me jeter à ses pieds.

— Ensuite ?

— Ensuite, je baiserais dévotement sa mule.

— Eh bien ! fieu, voici la nôtre, baisez-la. »

Et il tendit effrontément son sabot au monarque.

« Godverdom ! » s'écria celui-ci.

Puis il s'arrêta court. Comme le sire de Nivelle, il offrit de l'or, pria, supplia, conjura au nom de tous les saints du paradis. Petit-Pierre ne voulut entendre à rien.

Il fallut que le roi mît pied à terre, s'agenouillât & baisât le sabot du malicieux manneken. Après l'humiliante cérémonie, il remonta sur sa bête, emportant un lapin dans la poche de sa soutane.

A peine était-il à une portée de crosse que,

prouf! le lapin sauta hors de la poche. Le monarque, pour courir après lui, sauta, de son côté, à bas de sa mule, mais si lourdement qu'il s'épata au beau milieu d'une large flaque de bouse, & rentra au palais dans une tenue qui manquait complétement de majesté, godverdom!

VIII

Petit-Pierre ramena ses lapins pour la dernière fois. Il se rendit avec son troupeau à la salle où le roi tenait conseil, assis sur son trône.

« Sire... » dit le sautériau.

Mais il fut soudain interrompu par un grand bruit. La porte s'ouvrit & la princesse se précipita dans la chambre en criant :

« Ma bague! on m'a volé ma bague!

— Tais-toi donc, fit le roi. Tu nous assourdis. »

Puis, saisissant la balle au bond, il se tourna vers Petit-Pierre, dont il ne voulait point davantage pour son gendre :

« C'est fort bien, lui dit-il, tu es venu à bout de la première épreuve, mais le métier de roi ne consiste mie seulement à garder ses sujets; il faut aussi, savez-vous, faire la police de son royaume. Voyons si tu en seras capable. On a volé la bague de ma fille. Je te donne trois jours pour m'amener le voleur.

— Comment eſt-elle, votre bague? demanda le sautériau.

— En or, avec un diamant gros comme un pois, répondit la princesse en le regardant d'un air qui n'avait plus rien de dédaigneux.

— En chasse, manneken, ajouta le monarque en se frottant les mains, &, pour que tu aies le gibier à portée, j'ordonne que tu sois logé au palais & servi comme moi-même. On ne dira point que je fais mal les choses. »

On mena sur-le-champ le sautériau dans un bel appartement & on lui donna à souper. Il n'était pas servi tout à fait comme le souverain, n'ayant derrière lui qu'un seul domeſtique, mais le souper était exquis & tel que, je le parierais, vous n'en avez jamais fait un pareil, même le dimanche de la ducasse.

Petit-Pierre, qui était homme de goût, s'en lécha les doigts, pensant à part lui que le métier de roi ne manquait point d'agrément, & que, s'il soupait ainsi tous les soirs, il ne tarderait guère à avoir de belles balouffes, j'entends de belles grosses joues, comme ses frères.

Le lendemain, il alla se promener, à la piquette

du jour, vers le Trou du Diable, mais il n'y rencontra point la vieille grand'mère.

« Bah! se dit il, je m'en tirerai peut-être bien tout seul. A force de chercher on trouve. »

Sur le coup de midi, il revint au palais avec un appétit de chasseur, songeant au souper de la veille & calculant, en vrai Flamand, que, s'il n'avait point la chance d'épouser la princesse, il aurait du moins le plaisir de faire trois excellents dîners. Le dîner fut, comme de juste, encore meilleur que le souper.

Quand Petit-Pierre eut avalé la dernière bouchée :
« En voilà déjà un! » dit-il tout haut en s'essuyant la bouche avec sa serviette.

A ces mots, le domestique qui le servait fit un mouvement.

C'était ce maraud qui avait volé la bague, de concert avec un de ses camarades.

Le jour suivant, le sautériau se promena par le palais, examinant toutes les figures, mais sans découvrir son voleur. Il ne se découragea point, se mit à table à midi sonnant, fit largement honneur au dîner, &, quand il eut fini :

« Voilà le deuxième! » dit-il en claquant de la langue.

Le domestique, qui n'était autre que le second coquin, devint tout pâle & laissa tomber une pile d'assiettes.

« Si j'allais fumer une pipe avec mes lapins, pensa le sautériau. Ils me donneront peut-être une idée, godverdom! comme dit notre souverain. »

Il alluma sa boraine & descendit à la basse-cour.

IX

Pendant que Petit-Pierre caressait ses lapins, les deux voleurs se consultaient, fort inquiets de la conduite à tenir.

Puique la mèche semblait éventée, ne valait-il pas mieux tout avouer que d'attendre qu'on les forçât à rendre gorge? D'un autre côté, était-il bien sûr que le manneken fût sorcier?

Pour s'en éclaircir, ils imaginèrent une épreuve qui leur parut décisive. Ce fut de fourrer la bague dans une boulette de mie de pain & de la faire gober à un superbe dindon qui se pavanait au milieu des canards, des poules & des dindes, comme notre nouvel adjoint à la procession de la Fête-Dieu.

« S'il fait mine de la chercher là, se dirent-ils, c'eft que véritablement il eft sorcier, car il n'y a point de meilleure cachette. »

En quittant son troupeau, Petit-Pierre avisa

le gros dindon. Jamais il n'en avait vu de pareil.

« Hé! Baptifte, lui cria-t-il, la belle gave que tu as! Il faut que demain je dîne avec toi, qu'en dis-tu?

— Glou! glou! glou! » répondit naïvement maître Baptifte.

— Ça te va. Eh bien! Je vais demander qu'on te torde le cou tout de suite. »

Les voleurs, interprétant à leur manière les paroles du sautériau, ne doutèrent plus qu'il ne fût sorcier.

Ils tombèrent à ses pieds & lui dirent en tremblant de tous leurs membres :

« Nous voyons bien que vous savez tout, mynheer manneken, mais pour l'amour de Dieu! ne nous perdez pas. »

Pierre bondit comme un vrai sautériau.

« Qu'eft-ce que je sais? demanda-t-il.

— Parbleu! vous savez que c'eft nous qui avons fait gober à Baptifte l'anneau de la princesse. »

Cette révélation inattendue étourdit Petit-Pierre, mais il reprit sur-le-champ sa présence d'esprit.

« Ah! coquins! dit-il d'un air sévère & majestueux, vous avez cru me tromper! Sachez qu'on ne peut rien me cacher, à moi... mais je suis bon prince &, puisque vous avouez tout, je veux bien vous pardonner. Allez vous faire pendre ailleurs. »

Il prit le dindon & courut chez le roi.

« Sire, fit-il, voici le voleur.

— Qui ça? Baptifte?

— Lui-même.

— Ah bah! J'avais toujours laissé dire que les pies... Mais je n'aurais mie cru que les dindons... Après ça, à la cour...

— On se décrotte, & vous voyez, sire, que maître Baptifte & moi en sommes la preuve. »

Le pauvre Baptifte fut exécuté séance tenante & sans autre forme de procès. On trouva la bague dans son jabot.

Il n'en était pas moins innocent, & son exemple prouve une fois de plus qu'il ne faut point condamner les gens sur l'apparence.

« Le scélérat! s'écria le roi. Nous le mangerons à dîner. Je t'invite, manneken, &, cette fois, nous causerons sérieusement. »

X

Le dîner fut splendide, un véritable dîner de fiançailles. Le roi y avait prié tous les seigneurs & toutes les dames de la cour. On y but un brassin & demi de bière de Louvain & vingt-sept tonnes de faro de Bruxelles. Le dindon, amplement bourré de marrons, fut déclaré exquis, & Petit-Pierre lui fit bonne mine.

Celle que la princesse faisait à Petit-Pierre n'avait rien de désagréable, & le monarque, de son côté, ne le voyait plus de trop mauvais œil.

« Il faut, décidément, que le drôle soit sorcier, se disait-il. S'il l'eft, il n'y a point de sabots qui tiennent, je lui donne ma fille ! Ce sera la première fois qu'on aura vu un sorcier sur le trône. Au refte, nous allons le savoir. »

Il parla tout bas à son écuyer, qui sortit.

Au dessert, on apporta deux plats couverts. Dans l'un était la bague de la princesse, que Petit-Pierre lui présenta le genou en terre. On allait découvrir l'autre, quand le roi s'écria :

« Arrêtez ! »

Puis s'adressant au sautériau.

« Si tu es sorcier, devine ce qu'il y a là-dessous. »

— Cette fois, je suis pris, pensa Petit-Pierre, &, regardant le plat d'un œil de pitié, il ajouta tout haut :

— Pauvre sautériau, où eft-ce que je te vois?

— Brigand de manneken ! Il ne l'a point manqué ! » s'écria le monarque en lui appliquant sur l'épaule une tape assez forte pour assommer un bœuf.

On découvrit le plat &, au grand étonnement de Petit-Pierre, ce fut, en effet, un criquet, ou, si vous l'aimez mieux, un sautériau qu'on y trouva.

XI

« Eh bien ! puisque tu es sorcier, s'écria le monarque, gris d'admiration & de faro, il faut que, par-dessus le marché, tu nous remplisses trois sacs de malices !

— Ah ça ! Il m'ennuie, le monarque, & je vas lui clore le bec, dit à part lui Petit-Pierre, à qui l'esprit venait avec le succès.

— Trois sacs de malices, soit ! s'écria-t-il. Je suis en fonds. Apportez-les aussi grands que vous le pourrez. »

Les sacs apportés, il commença :

« Premier sac ! Il y avait une fois un petit sabotier qui gardait des lapins ; un gros seigneur vint, en soufflant, lui en demander un. Le berger le donna à la condition que le seigneur prêterait son beau nez rouge pour tirer au blanc. Le sire y consentit &... »

En parlant ainsi, le sautériau saisit son arbute & paf ! il le mit dans le petit noir.

« Bravo ! cria toute la cour. Dans le sac, le sire de Nivelle, dans le sac ! »

Le pauvre homme y entra en enrageant. Le sautériau reprit :

« Deuxième sac ! Après le gros seigneur vint une jolie laitière.

« — Combien vos lapins, gentil bergeolin ?

« — Un baiser, la belle laitière. »

« La jolie laitière tendit la joue &...

— Quoi ! tu oses dire ?... s'écria le roi. Ce n'eſt point vrai.

— Si, papa, répondit la princesse en rougissant.

— Dans le sac ! dans le sac ! cria toute la cour en délire, & la princesse s'y blottit de la meilleure grâce du monde.

« — Troisième & dernier sac ! continua le sautériau.

« A la jolie laitière succéda un vénérable abbé.

« — Manneken, que faut-il faire pour avoir un de tes lapins ?

« — Il faut baiser...

— Chut ! je te la donne ! » cria le roi en fermant la bouche au manneken.

XII

Le sautériau invita son père & ses frères à la noce. Pour qu'ils y fissent meilleure figure, il avait eu soin de leur mettre, comme on dit, du foin dans leurs sabots.

La noce fut magnifique. Le monarque mangea au dessert une pleine quertinée, ou, si vous le préférez, une pleine hottée de pêches & mourut d'indigeftion.

Le petit berger changea tout de suite sa houlette contre le sceptre du roi défunt. Bien qu'il n'eût guère qu'une semaine d'apprentissage, il n'en gouverna pas moins avec une rare sagesse.

On fit honneur de son habileté au merveilleux sifflet, mais je crois bien que son secret confiftait tout bonnement, comme dans le bois de Boschfort, à fumer sa pipe à la coyette... je veux dire tranquillement, & à laisser ses lapins... je veux dire ses sujets se divertir tout à leur aise.

Et c'eft pourquoi les Belges, dans leur reconnaissance, lui élevèrent, au coin même de la rue du Chêne, — où, quittant la noce qui se rendait à Saint-Nicolas, il s'était arrêté un inftant, — une petite ſtatue de bronze qu'ils baptisèrent du nom de *Manneken-Pis*.

En gens pratiques, qui savent joindre l'utile à l'agréable, ils l'employèrent en qualité de fontaine publique, & lui firent verser de l'eau après sa mort, comme, de son vivant, il versait l'abondance sur toute la contrée.

Manneken-Pis eſt le plus ancien & le plus libre bourgeois de la bonne & franche ville de Bruxelles, s'il n'en eſt point le plus décent.

Tous les ans, à la kermesse, on l'habille de pied en cap, comme un suisse de cathédrale, avec un petit bicorne, un petit habit brodé, de petites culottes, une petite épée, & on ne regarde mie à la dépense, savez-vous, car c'eſt à Manneken-Pis que la Belgique doit d'être le premier pays du monde! godverdom!

Les Muscades de la Guerliche

I

Au temps jadis, il y avait au village d'Erchin, du côté de Douai, un petit garnement qu'on appelait la Guerliche, parce qu'au lieu d'aller à l'école il passait la sainte journée à dépeupler, sans miséricorde, les étangs & les viviers du prochain. Carpes, brochets, tanches, lottes & perches, tout lui était de bonne prise, & jusqu'aux guerliches ou loches, qui ne servent chez nous qu'à annoncer la pluie ou le soleil. Aussi malin qu'adroit & prefte, il glissait comme un poisson entre les mains du garde champêtre, en quoi il méritait doublement son nom de la Guerliche.

Il était l'unique souci du mayeur d'Erchin, un gros fermier rouvelème qui avait la sagesse de laisser chacun agir à sa guise & le monde rouler sa bosse à la volonté de Dieu. Il n'y avait point de jour qu'on ne vînt déranger le brave homme, au milieu d'une partie de cartes, pour se plaindre des fredaines du petit vaurien; aussi finit-il par perdre patience, &, un beau soir, il jura ses grands dieux qu'il le fourrerait en geôle à la première escapade.

Le surlendemain, à l'heure où tout le monde était aux champs, le mayeur fumait sa pipe à la porte, assis sur la caquetoire, ou, si vous l'aimez mieux, le banc aux caquets.

Il dormait à moitié, quand un léger bruit lui fit ouvrir l'œil. Que vit-il? l'endiablé maraudeur qui, à cheval sur le mur, pêchait effrontément ses canards à la ligne dans la mare de la basse-cour.

« Attends un peu, va, fieu, que je me lève ! » cria le mayeur. Mais la Guerliche ne l'attendit point, &, préférant le soleil à l'ombre, il jugea prudent de décamper & ne reparut plus à Erchin.

II

Longtemps après, par un lundi de ducasse, les mynheers d'Erchin, la tête un peu lourde pour avoir trop bu la veille, fumaient leurs pipes en silence au *Bon Couvet*, quand voilà qu'un grand drôle, vêtu, comme un Jean Potage, d'une vefte de velours brodée de paillons, s'arrêta devant le cabaret.

Il pria l'hôtesse de lui prêter une table, la couvrit d'un tapis, tira de sa gibecière une baguette noire, des gobelets & des muscades, sonna de la trompette, puis s'adressa en ces termes à l'honorable assiftance :

« Messieurs & dames, vous voyez devant vous l'incomparable Brambinella, escamoteur en chef de Sa Hautesse le grand sultan, du calife de Bagdad, du shah de Perse, de Sa Majefté le roi des Pays-Bas & autres têtes couronnées. L'illuftre escamoteur va avoir l'honneur de travailler sous vos yeux, &, si vous êtes contents & satisfaits, le spectacle ne coûtera à chacun de vous que la bagatelle d'un patard. »

L'incomparable Brambinella exécuta alors dif=

férents tours de gobelets, au grand ébahissement des villageois d'Erchin, gens primitifs & encore peu civilisés. Outre ses muscades, il escamota des florins, des bagues, des montres d'argent, & jusqu'au canari de Marie-Joseph, l'hôtesse du *Bon Couvet*, qu'on retrouva dans le chapeau du mayeur Sans-Souci.

« Tu n'es mie manchot, fieu, dit le mayeur en clignant de l'œil, mais j'ai idée que tu étais encore plus adroit, quand tu escamotais les canards des gens à leur barbe.

— Vous m'avez donc reconnu, mayeur? fit la Guerliche, car c'était lui.

— Parbleu!

— Et vous avez toujours vos canards sur le cœur?

— Toujours. Tu n'as qu'un moyen de me les faire digérer, c'eft de nous montrer le plus beau tour de ta gibecière.

— Celui que je réserve pour les têtes couronnées? Suffit, notre maître. Que voulez-vous qu'on vous effarouche? Bêtes, ou gens? Parlez, on va vous servir.

— Eh bien! voilà Toine Balou, notre berger, qui s'en va paître ses moutons autour du bosquet de la Chapelle. Te sens-tu de force à lui escamoter quelque chose?

— Son troupeau, si vous le voulez.

— Tout entier?

— Tout entier.

— Je parie cent florins que tu n'y parviens pas.

— Je les tiens.

— Tu les as donc?

— Oui, dans votre escarcelle. Commandez un pot de bière. Je vous ramène vos moutons en moins d'une heure. »

La Guerliche prit un chemin détourné & gagna le petit bois avant le berger. Le bosquet formait une sorte de triangle entouré de waréchaix ou terrains vagues.

Quand Toine Balou fut près des arbres, il vit tout à coup un corps d'homme qui se balançait aux branches d'un chêne.

« Jésus ! myn God ! un pendu ! dit-il. » Il se signa dévotement & poussa son troupeau sans oser se retourner. Deux cents pas plus loin, le bois faisait un coude. Nouveau pendu.

« Encore un ! » dit Toine Balou, & une sueur froide lui passa dans le dos. Au bout de deux cents autres pas, nouveau coude, nouveau pendu. Toine Balou n'y put tenir davantage. Saisi d'une terreur folle, il s'enfuit comme un voleur, semant derrière lui manteau, houlette, panetière & chapeau, pour courir plus à l'aise.

Les trois pendus n'en faisaient qu'un, un homme

bien portant, la Guerliche, qui ramassa prestement chapeau, panetière, houlette & manteau, s'en affubla, rassembla les moutons & revint au village en criant : « Prrrou ! prrrou ! » du haut de sa tête.

III

« C'eft affaire à toi, dit le mayeur. Il eft vrai que Toine Balou eft bête comme une oie, poltron comme la lune, & que ce n'eft mie sa faute si les bergers passent généralement pour sorciers. Je vas te donner d'autres étoupes à débrouiller. »

Le mayeur vidait une canette avec Boisvert, un boucher de Douai venu tout exprès pour lui acheter un mouton. Boisvert était bancroche & malin comme un bossu. Le marché conclu, le mayeur prit la Guerliche à part & lui dit :

« Voici un lapin qui ne se laissera point aussi aisément dépouiller que ce grand veau de Toine Balou.

— Savoir !

— Cent florins que tu ne lui souffles point son mouton.

— Tope ! » répliqua la Guerliche, & il se mit à l'œuvre sur-le-champ.

Il avait dans sa valise une belle paire de souliers neufs. Il en jeta un à la cavée de Douai, sur la route que devait suivre le boucher, & l'autre un peu plus loin, à l'endroit où le chemin fait un détour.

« Tiens ! un beau soulier tout neuf ! dit Boisvert en apercevant le premier. C'eſt dommage qu'on ait oublié de perdre l'autre, » & il laissa le soulier.

A moins de trois portées de crosse, il rencontra l'autre.

« Les deux font la paire, pensa-t-il. Ma foi ! il ne sera point dit qu'ayant trouvé des souliers neufs, je les aurai laissé manger au loup. »

Il attacha son mouton à une souche de bouleau & retourna sur ses pas. La Guerliche, qui était aux aguets, détacha le mouton &, par un chemin de traverse, le ramena chez le mayeur.

Trois heures après, Boisvert reparut tout penaud, avec deux paires de souliers, mais sans mouton. Il conta sa mésaventure au mayeur qui, feignant d'y compatir, lui permit de choisir, à moitié prix, dans le troupeau, une bête toute pareille.

« A moitié prix, c'eſt trop bon marché ! » dit la Guerliche, & il partit de nouveau.

En traversant le bois de Douai, vers l'endroit qu'on appelle *le Trou Pellot*, Boisvert entend tout à coup crier dans le fourré : Bée ! bée !

« Eh! c'est mon coquin de mouton, se dit-il. Comment a-t-il fait pour venir jusqu'ici ? »

Le boucher n'était point sot, & d'ailleurs chat échaudé craint l'eau froide. Il ne voulait pas lâcher son mouton, mais les bêlements semblaient s'éloigner & la maudite bête tirait sur sa corde & refusait de pénétrer dans le fourré. De guerre lasse, il fallut que Boisvert l'attachât comme l'autre à un arbre. Il s'enfonça dans le bois & suivit les bêlements. Ils l'égarèrent si bien que, quand il revint à son point de départ, il ne trouva plus personne.

Le mouton était allé rejoindre son frère dans l'étable du mayeur, & Boisvert ne fut pas peu surpris de les y revoir tous les deux. Il les reprit, mais on ne put jamais lui persuader qu'il n'avait point eu affaire au Malin.

« Tu es un homme trop précieux pour que je te laisse partir d'ici, dit le mayeur à la Guerliche. Sais-tu lire & écrire ?

— Lire, écrire & compter comme une synagogue. Rien ne forme autant que les voyages.

— Eh bien ! fixe-toi à Erchin. Tu gouverneras la commune sous mon nom. Le grand Guillaume, mon greffier, commence à radoter & n'eft plus bon qu'à mettre aux *Vieux-Hommes*. Je te donne sa place.

— Grâce au tour du bâton, c'eft quelquefois un

métier d'escamoteur, répondit la Guerliche, mais à Erchin il ne doit point rapporter gros. Je veux y joindre celui de marchand de farine. Prêtez-moi quelques milliers d'écus pour conſtruire un moulin & j'accepte. Je suis las de courir le pays, & d'ailleurs j'ai envie de prendre femme.

— Marché conclu ! » dit l'autre.

La Guerliche fit bâtir un moulin sur les monts d'Erchin, près du sentier de Roucourt, à deux pas de la ferme du mayeur ; & c'eſt ainsi que d'escamoteur il devint greffier de mairie & meunier, pour ne point dire voleur. Il faut pourtant lui rendre cette juſtice qu'il ne vola pas plus que ses confrères & se contenta de tirer, selon l'usage, d'un sac double mouture.

Or, il arriva un jour que le roi des Pays-Bas vint à Douai pour voir la procession de Gayant. En se promenant le lendemain au soleil des loups, je veux dire au clair de la lune, il avisa le moulin & la ferme qui étaient des plus beaux qu'il y eût en pays flamand.

« A qui ce moulin ? dit-il.

— Au meunier la Guerliche, sire.

— Et cette ferme ?

— Au mayeur Sans-Souci.

— Sans-Souci ! voilà un particulier qui a plus de bonheur que son monarque. Minute ! je vas t'en donner, fieu, du souci. Qu'on aille lui annoncer de ma part que je l'attends d'aujourd'hui en huit pour me dire trois choses : 1° ce que pèse la lune, 2° ce que je vaux, & 3° ce que je pense. S'il répond de travers, tant pis pour lui, il sera pendu. »

Le roi des Pays-Bas avait parfois de singulières idées, mais le métier de roi n'eſt mie aussi commode que celui de mayeur, & il faut bien passer quelques fantaisies aux pauvres gens qui sont condamnés à l'exercer.

Quand le mayeur vint boire sa pinte au *Bon Couvet*, il avait l'air triſte comme un jour de pluie & l'esprit si préoccupé qu'il perdit à la file cinq parties de mariage.

« Vous voilà tout busiant, dit la Gúerliche, que son maître n'avait point vu entrer. Qu'eſt-ce que vous avez qui vous trotte par la cervelle?

— J'ai, fieu, que je ne dormirai point de la nuit, & que dans huit jours je serai pendu. C'eſt sûr.

— Pendu! myn God! & pourquoi? »

Et le gros mayeur raconta à la Guerliche ce que le roi exigeait de lui.

« Diable! fit celui-ci en lui tapant sur la bedaine. Il s'agit de vous souſtraire à la potence. J'ai déjà escamoté bien des choses, mais je ne suis point encore tombé sur une muscade d'aussi fort calibre. C'eſt égal. Laissez-moi aller là-bas à votre place. On n'y connaît point votre figure : nous verrons bien ce qui en adviendra. Fiez-vous à moi. La corde qui doit vous servir de cravate n'eſt point encore filée. »

Au jour dit, la Guerliche se présenta au palais. Le roi était juſtement de bonne humeur, ayant bien dîné. Il digérait sur son trône en fumant sa pipe, avec tous ses courtisans assis en rond. Il ordonna qu'on introduisît le mayeur.

« Ainsi c'eſt toi, lui dit-il, qu'on appelle le mayeur Sans-Souci.

— Je ne mérite mie ce nom, sire.

— Ah ! ah ! mon gaillard. Tu t'es donc soucié de savoir ce que pèse la lune ?

— Il a bien fallu, sire.

— Et quel eſt son poids ?

— Une livre.

— Une livre ! » fit le monarque, & pensant que le mayeur se moquait de lui, il fronça le sourcil. Tous les visages des courtisans se rembrunirent.

« A preuve qu'elle a quatre quarts, ajouta la Guerliche.

— Au fait ! dit le roi en souriant, & toutes les figures s'illuminèrent. Et t'es-tu aussi inquiété de savoir ce que vaut notre personne, au plus juſte prix ?

— Au plus juſte prix... Vingt-neuf deniers.

— Drôle! dit le roi. Il ôta sa pipe de sa bouche & toute la cour se mit à murmurer.

— Dame! sire, puisque Notre-Seigneur Jésus-Chriſt en a été vendu trente.

— Ah! très-bien! » s'écria le monarque.

Il tira une large bouffée de tabac & l'écho répéta à la ronde :

« Très-bien! très-bien! très-bien!

— Silence! fit le roi. Et maintenant voyons la troisième queſtion. Pourrais-tu me dire ce que je pense?

— Parbleu! oui, sire. Votre Majeſté pense que je suis le mayeur Sans-Souci, & je ne suis que son serviteur.

— Je te nomme mon premier miniſtre! s'écria le monarque en se levant de son trône. Je ne saurais en trouver un plus malin. »

Mais la Guerliche pria humblement Sa Majeſté de l'excuser, & se contenta du grade de meunier du roi des Pays-Bas. C'eſt la plus grande preuve d'esprit qu'il ait donnée durant sa vie, — non moins grande que celle qu'il donna après sa mort.

IV

Quand la Guerliche fut près de sauter le pas, « ayant pris femme, se dit-il, & fait, par conséquent, mon purgatoire sur terre, j'ai toutes les chances d'aller en paradis. Mais le métier d'escamoteur n'y mène point directement, pas plus que celui de meunier. Je crains bien d'être forcé de gagner ma place par un dernier tour d'escamotage. Réfléchissons. La chose en vaut la peine. »

Et il enfonça sa tête dans l'oreiller.

C'était juftement la Saint-Sylveftre, veille du jour de l'an, & on faisait des gaufres dans toutes les maisons d'Erchin. Au bout d'un petit quart d'heure :

« Femme, dit la Guerliche, pourquoi ne me fais-tu point des gaufres, comme d'habitude?

— Des gaufres ! Jésu Maria ! quand tu ne peux même plus avaler ta salive !

— N'importe ! Si je ne les mange point, tu les fourreras dans mon cercueil. »

La meunière obéit, &, pendant qu'on disait les prières des agonisants, elle pétrit ensemble de la farine, du beurre, de la cassonade & mit son gaufrier sur le feu.

La Guerliche rendit le dernier soupir quand on retournait la dernière gaufre. Dix minutes après qu'on l'eut porté en terre, il arriva à la porte du paradis, son petit paquet sous le bras.

« Pan ! pan !

— Qui eſt là ?

— Le meunier la Guerliche. »

On entendit un bruit de chaussons qui traînaient sur le carreau & le guichet s'ouvrit.

« Passez votre chemin, fieu... Il n'y a mie de place ici pour les voleurs.

— Voleur ! Et vous, notre maître, eſt-ce que vous vous êtes toujours bien conduit? Eſt-ce que, révérence parler, vous n'avez point renié Dieu trois fois? »

Saint Pierre ne trouva rien à répondre & alla faire son rapport à Dieu le Père.

« Il y a là, dit-il, un voleur de meunier qui veut entrer à toute force & qui insulte tout le monde.

— Allez-y, mon brave saint Paul, dit le bon Dieu, & voyez ce que c'eſt. »

Saint Paul y alla.

« Pan ! pan !

— Qui eſt là?

— Moi, le meunier la Guerliche.

— Vous vous trompez de porte, l'homme de Dieu. Nous ne recevons point les voleurs.

— Bah ! bah ! Si j'ai volé, je n'ai ni persécuté, ni tué le pauvre monde, & ce n'eſt pas moi qui ai gardé les vêtements de ceux qui lapidaient ce bon saint Étienne, entendez-vous, monsieur saint Paul. »

Saint Paul s'en retourna l'oreille basse.

« On n'a jamais vu, dit-il, un si grand bavard.

— Nous avons ici des gens qui n'ont point leur langue en poche, répliqua Dieu le Père. Qu'on lui dépêche saint Auguſtin, notre plus fameux prédicateur.

— Pan ! pan !

— Qui eſt là ?

— Le meunier la Guerliche.

— Hélas ! mon cher frère, vous ne pouvez entrer céans, & je vais vous en donner trois raisons qui feront l'objet de ce discours. La première, c'eſt que Jésus-Chriſt a dit : Bienheureux les pauvres d'esprit ! le royaume des cieux eſt à eux. Or, vous ne me paraissez point suffisamment pourvu de cette humilité, de cette simplicité...

— Vous n'êtes mie déjà si simple, vous, notre maître, à ce qu'il me semble.

— La seconde, c'eſt que vous n'avez point toujours mené une vie exempte de péché...

— Allons, allons, pas tant de contes, fieu. Vous n'aviez point non plus la conscience bien nette quand vous êtes venu céans, & si sainte Monique, votre vénérable mère, n'avait si souvent ouvert le robinet de ses yeux, peut-être bien... »

Mais saint Auguftin ne l'entendait plus, il était déjà loin.

« Que faire? dit le bon Dieu. A moins de lui envoyer les saints Innocents, je ne vois vraiment pas... »

Et il envoya les saints Innocents.

« Pan! pan!

— Qui eft là?

— Le meunier la Guerliche.

— On n'entre pas! on n'entre pas!

— Ah! vous voilà, mes petits fieux. C'eft juftement pour vous que je viens. Eft-ce qu'on ne me reproche point d'avoir escamoté la farine de mes pratiques? Ce que j'en faisais, c'était simplement pour vous apporter un paquet de bonnes gaufres sucrées. Ouvrez vite & tendez vos mains, mes enfants. »

Les saints Innocents ouvrirent la porte & se précipitèrent en foule, les mains tendues, vers la Guerliche, qui entra librement en diftribuant des gaufres à droite & à gauche.

On courut rapporter les choses à Dieu le Père.

« Qu'on aille me quérir le garde champêtre! » cria-t-il.

Mais c'eſt en vain qu'on chercha par tout le paradis. On n'y trouva pas un seul garde champêtre.

V

Et voilà comment, après avoir donné à chacun son paquet, l'incomparable la Guerliche entra par un détour dans le paradis ; mais vous ferez bien de ne pas suivre la même voie, car il n'y a si bon cheval qui n'y bronche, & c'eſt surtout pour arriver à ce point-là que le plus court chemin eſt la ligne droite.

Le Filleul de la Mort

I

u temps jadis, il advint une fois que la Mort s'ennuya. Le vieux faucheur ne manquait point d'occupation ; seulement il avait pris sa besogne en dégoût.

C'eſt là pourtant une royale besogne & il doit y avoir plaisir à égaler d'un coup de faux les pâtres & les potentats ; mais les gens sont ainsi faits, que nul n'eſt content de son métier.

« Toujours détruire, se disait le pauvre homme ; depuis six mille ans que le monde eſt monde, toujours faucher des têtes, quelle exiſtence ! Ah ! que serais donc heureux de pouvoir me reposer une fois ! Dieu le Père s'eft bien reposé le septième jour, après qu'il eut créé l'homme.

Créer ! quel divin mot ! Le dernier des artisans peut avoir un fils qui lui ressemble ; moi seul suis condamné à ne jamais revivre dans mes enfants. Pour loyer de six mille ans de services, Dieu le Père, ô bon Dieu, tu devrais bien donner un fils à ton serviteur !

— Je ne corrige jamais mon œuvre, répondit Dieu le Père. Tu as été mis dans le monde pour détruire, non pour créer. Tout ce que je puis faire pour toi, c'eft de t'octroyer la faveur d'être le parrain d'un enfant dont tu rencontreras le père demain, en revenant de faire ta journée. »

Le lendemain, la Mort rencontra Jean-Philippe, le gros censier du Chêne-Raoult, dont la femme venait d'accoucher d'un treizième garçon.

Jean-Philippe, voulant un homme jufte pour parrain de son fils, choisit l'universel faucheur; & celui-ci donna à son filleul le nom de Macaber, qui en arabe signifie *cimetière*.

Chaque soir, en revenant de son ouvrage, la Mort faisait une visite à son filleul ; il le prenait sur ses genoux, le couvrait de baisers & lui apportait des couques sucrées & de petits moulins à vent qu'il avait achetés en passant à Condé.

On mit bientôt le jeune gars au collége & la

Mort paya sa pension. L'enfant montra une intelligence extraordinaire. A dix-huit ans, il couronna ses humanités par les plus brillants succès. Il fallut songer à lui trouver un état.

« Fais-toi médecin, lui dit la Mort, & tu deviendras riche & célèbre; car c'eft là une profession qui relève de moi.

La vie eft une lampe où l'on ne peut remettre de l'huile. Tu ne guériras donc point les gens dont la lampe sera épuisée; mais je vais t'indiquer un moyen de prédire à coup sûr la guérison ou la mort de tes clients : cela te vaudra une grande considération.

Lorsque tu me verras debout au chevet d'un malade, — & j'y serai visible pour toi seul, — affirme que le malade eft perdu. Si, au contraire, tu m'aperçois au pied du lit, réponds hardiment qu'il s'en tirera.

Quant aux remèdes, ordonne ceux qui seront à la mode & moque-toi du refte, comme tes confrères de la Faculté. »

II

Macaber suivit le conseil de son parrain : il fut bientôt le plus illuftre médecin de la Flandre, &

fit une sérieuse concurrence à Notre-Dame de Bon-Secours, qui guérit les affligés.

Or, il arriva que la fille du roi des Pays-Bas tomba malade. Tous les médecins du royaume furent appelés. Ils s'accordèrent à dire que la jeune princesse mourait d'une maladie de langueur; mais aucun d'eux ne put y porter remède.

Le roi fit venir le filleul de la Mort & lui promit une tonne d'or s'il parvenait à opérer une cure si difficile.

Macaber se baissa pour observer le visage de la malade. Comme, malgré sa pâleur, la princesse était merveilleusement belle, il en devint tout à coup éperdument amoureux.

En relevant la tête, il aperçut la Mort debout au chevet du lit.

A cette vue, le docteur pâlit; mais il se remit aussitôt & demanda qu'on le laissât seul avec la princesse. La malade dormait.

« Sauvez-la, je vous prie, mon parrain, dit Macaber.

— Tu sais bien que la chose est impossible.

— Je l'aime éperdument.

— Que veux-tu que j'y fasse?

— On a raison de dire que la Mort est impitoyable ! s'écria Macaber; mais je saurai lui arracher sa proie ! »

Il alla ouvrir la porte & dit au roi : « Je ne connais qu'un moyen de guérir votre fille : c'eft de changer vivement la difpofition du lit. Ordonnez qu'on mette le chevet où sont les pieds & les pieds à la place du chevet. »

Quoique le remède femblât singulier, le roi siffla dans un sifflet d'argent, & aussitôt quatre nègres parurent. Ils se hâtèrent de suivre l'ordonnance.

« La Mort va ainsi se trouver aux pieds, pensait le docteur en se frottant les mains; la princesse lui échappera & mon parrain sera bien attrapé. »

Mais, hélas! quelle que fût l'agilité des noirs, le parrain se montra encore plus prompt, & la princesse rendit l'âme pendant qu'on tournait le lit.

Tous les médecins s'accordèrent à dire que ce mouvement intempeftif avait tué la malade, en faisant affluer le sang au cœur.

Le monarque entra dans une violente colère. Il commanda qu'on saisît le docteur ignorant & qu'on le jetât dans la mer.

L'ordre fut exécuté sur-le-champ; mais, comme la lampe de Macaber était pleine d'huile, il fut ballotté trois jours & trois nuits par les vagues, & aborda sur un rivage inconnu.

Macaber maudissait son sort. En perdant la princesse, ses amours, il avait tout perdu. La vie lui était devenue insupportable. Il ne prit même point la peine de se lever & refta au soleil, sur le sable, attendant la Mort.

La Mort parut.

« Que fais-tu là, mon fils, lui dit-il.

— Je vous attends, mon parrain.

— Pourquoi faire?

— Pour me conduire vers ma princesse.

— Mais ton heure n'eft point venue.

— Je saurai bien l'avancer.

— Et comment? Tu vois bien que la mer n'a point voulu de toi.

— Je connais un monftre plus vorace.

— Quel eft-il?

— La faim! L'homme eft libre de ne point alimenter sa lampe! »

Le vieux faucheur tressaillit. Il adorait son filleul & ne pouvait se faire à l'idée de le perdre si tôt.

Il se fâcha, pria, pleura, supplia : son filleul refta inébranlable.

« Voyons, malheureux enfant, dit-il enfin, parle; qu'exiges-tu de moi? »

Macaber ne répondit point.

« Veux-tu de l'or? veux-tu un boisseau de diamants?

— Pouvez-vous faire revivre ma princesse?

— Tu sais bien que ce n'eft point mon métier ressusciter les gens.

— Alors...

— D'ailleurs, elle avait le nez trop court. Veux-tu dix princesses plus belles que celle-là ? »

Macaber haussa les épaules. « On voit bien, dit-il, que vous n'avez jamais été amoureux. »

La Mort se serait arraché les cheveux, s'il n'avait eu le crâne chauve & poli comme verre.

De colère, il donna un grand coup de sa faux dans un énorme rocher en murmurant : « Maudite faux ! » Le rocher se fendit du haut en bas, puis tomba en poussière.

Macaber se leva tout à coup. « Je consens à vivre, dit-il, à une condition : vous me confierez l'inſtrument qui m'a ravi mes amours.

— Ma faux ! mais jamais Dieu le Père ne permettra...

— En ce cas, laissez-moi mourir en paix ; » & il se recoucha sans plus vouloir répondre.

« N'eſt-ce pas, Dieu le Père, que cet enfant demande l'impossible ? » s'écria la Mort avec désespoir.

« Accorde-lui sa demande, » répondit Dieu le Père.

Dieu le Père était las d'entendre les hommes récriminer sans cesse contre la Mort. Il voulut condescendre à mettre une fois pour toutes la grande faux à la disposition d'un mortel.

« Eh bien ! prends-la, dit la Mort à Macaber,

mais jure-moi que jamais tu n'en useras contre toi-même. »

Macaber le jura, prit la faux & s'en alla.

III

Le filleul de la Mort était naturellement bon & sensible, & le malheur ne l'avait point aigri. Il n'avait exigé la grande faux qu'en vue de faire du bien à ses semblables.

« Je faucherai, s'était-il dit, ceux qui demanderont à mourir, ou dont la vie sera à charge aux autres. Je ferai le bonheur du genre humain; cela m'aidera à oublier mon malheur. »

Il ne tarda point à rencontrer, sur le bord d'un fossé, un vieux pauvre, perclus de tous ses membres & rongé par la vermine.

« O Mort! quand viendras-tu me délivrer? s'écriait le vagabond.

— Tout de suite! » répondit Macaber, & d'un coup de faux il le délivra.

Mais l'âme ne fut point plus tôt séparée du corps, qu'elle murmura : « Coquin de sort! mon corps se serait peut-être guéri, & qui sait si nous ne serions point devenus riches!

— Voilà qui me servira de leçon, se dit le faucheur. Je suis suffisamment édifié sur les plaintes des hommes & leur dégoût de la vie. »

Et il se remit en route.

Comme il passait par un village, il aperçut, sur le seuil d'une chaumine, une paysanne qui tenait dans ses bras un enfant si malingre, si chétif & si laid, qu'il faisait peine à voir.

Ses jambes n'étaient pas plus grosses que des bras, & ses bras que des doigts. Il ne pouvait se tenir debout, & sa respiration semblait une suite de gémissements.

« Pauvre petit sec héron, disait la mère, que deviendras-tu, quand je ne serai plus là? Ah! le bon Dieu ferait bien de te rappeler à lui ! »

Le faucheur l'entendit, & cette fois crut sagement agir en délivrant d'un seul coup la mère & l'enfant. Mais quand la mère vit son fils mort, sa douleur fut bien autrement vive.

La malheureuse femme en devint folle, car elle aimait cet enfant dix fois plus qu'elle n'en aurait aimé un autre. Elle l'aimait pour toutes les peines qu'il lui avait coûtées & d'autant plus qu'il était plus faible & plus laid !

IV

Macaber réfléchit. « J'ai fait fausse route, se dit-il. Le meilleur moyen de rendre les mortels heureux, ce n'eſt point de les délivrer de la vie, c'eſt de les débarrasser des méchants. »

Pour être plus certain de ne point se tromper, il revint en Flandre, où les hommes lui étaient connus de longue date.

A cette époque, il y avait à Maubeuge un bourgmeſtre dont la mauvaise réputation s'étendait à dix lieues à la ronde. Ce bourgmeſtre ne se servait de sa puissance que pour commettre le mal, à ce point qu'on disait en commun proverbe : « Dieu nous gard' de la guerre, de la peſte, de la malemort & du bourgmeſtre de Maubeuge! »

C'eſt par lui que le filleul de la Mort résolut de commencer le cours de ses exécutions, & il le trancha dans sa fleur, comme on arrache une plante vénéneuse. Macaber se figurait que son coup de faux allait être salué par les bénédictions de toute la ville.

Grande fut sa surprise quand il vit accourir aux obsèques du défunt la foule de ceux qui l'abhorraient naguère; bien plus grande encore, quand il entendit prononcer sur sa tombe de magnifiques discours, où les vices les plus odieux étaient transformés en vertus éclatantes.

Cette dernière expérience acheva de le décourager. Il se décida à s'en retourner vers son parrain & à lui remettre cette faux, dont il n'avait pu parvenir à faire un bon usage.

Cependant, le bruit s'était sourdement répandu que Macaber, du Chêne-Raoult, disposait d'un pouvoir surnaturel, dont il se servait pour purger le monde des méchants.

Or, la ville de Condé était alors en proie à un juge hypocrite qui, sous le masque de la dévotion, rendait la justice à faux poids. Il craignit que Macaber ne le punît de ses prévarications, & songea à prévenir l'effet de la faux vengeresse. Il le fit arrêter & traduire à son tribunal.

Le faucheur aurait pu terminer le procès d'un seul coup, mais il voulut voir jusqu'où irait la méchanceté des hommes, dont il n'avait cherché que le bonheur.

La grande faux fut saisie, & figura au procès comme pièce de conviction. En moins d'une heure, le bienfaiteur de l'humanité fut accusé de sorcellerie, jugé & condamné à être brûlé vif.

Le jour de l'exécution, la place de Condé fut envahie par une foule d'honnêtes gens qui se réjouissaient d'assister à un si beau supplice.

Le filleul de la Mort parut pieds nus, en chemise & la corde au cou, pendant que la cloche sonnait à toute volée.

Il fut salué par une immense clameur d'imprécations, & monta sur le bûcher qui était aussi haut que le beffroi.

Le bourreau y mit le feu & y jeta la grande faux, pour qu'elle subît le même sort que son maître. Le bûcher brûla trois jours & trois nuits.

Le matin du quatrième jour, sur les cendres fumantes, apparut un homme debout, tenant une faux à la main : c'était le filleul de la Mort ! A cette vue, les Condéens s'enfuirent épouvantés.

Macaber considéra que, s'il est vrai que nul n'est prophète en son pays, on lui avait fait bien de l'honneur en le prenant pour un sorcier, & il ne voulut point se venger de ses compatriotes.

Seulement, il commanda qu'on saisît le juge prévaricateur, &, pour le punir d'avoir si mal tenu la balance de la Justice, il en fit forger une en fer & haute de vingt pieds : il la suspendit au bec du coq qui perche au bout du clocher.

Dans un des bassins il plaça le juge, & ses crimes dans l'autre. Le premier bassin fut enlevé tout de suite jusqu'au fléau par le poids du second; & Macaber condamna le magistrat abominable qui avait murmuré tant de patenôtres pour rire, à prier pour de bon jour & nuit, jusqu'à ce que les deux bassins fussent de niveau.

On assure que la balance eft toujours au haut du clocher, mais que les paysannes de Fresnes, de Vieux-Condé, de Macou & de Thinvincelles ont beau écarquiller les yeux, en allant au marché, elles ne voient jamais bouger le bassin du juge.

Tous les cent ans, le bassin baisse, dit-on, d'une ligne, & il n'eft encore qu'à mi-route.

V

« Décidément, pensa Macaber, je ne me mêle plus de faire le bonheur des hommes. C'eft là un métier de dupe, & j'ai éprouvé par moi-même que tout bienfait mérite sa punition.

Désormais, je ne veux me servir de ma faux que pour ma propre félicité. A moi les honneurs & la puissance!

Le roi des Pays-Bas s'eft assez mal conduit envers nous; commençons par le déloger de son trône, & mettons-nous à sa place. On doit y être plus à l'aise que sur la grand'place de Condé. »

Il partit donc, précédé de sa renommée. Le roi des Pays-Bas s'enfuit à son approche, & Macaber trouva les portes du palais toutes grandes ouvertes. Il monta sur le trône, ceignit la couronne, & fut proclamé roi par les habitants des Pays-Bas.

Il notifia aussitôt son avénement à tous les souverains de la terre, en les appelant ses chers cousins. Mais les souverains ne voulurent point admettre dans leur famille un vagabond, qui avait été brûlé comme sorcier sur la grand'place de Condé.

Ils avaient bien ouï parler du pouvoir de Macaber, mais ils n'en croyaient point un mot, & renvoyèrent ses ambassadeurs de la façon la plus méprisante. Macaber leur déclara la guerre.

Le général en chef de son armée vint lui offrir ses services. « Je n'ai pas besoin de vous, » lui dit-il; &, de fait, il partit seul avec sa faux.

Tous les rois de la terre rassemblèrent leurs troupes dans une plaine immense, & attendirent de pied ferme le roi des Pays-Bas & son armée. Jamais le soleil n'avait vu une pareille réunion d'hommes de guerre.

Il y en avait de toute espèce, depuis ceux qui marchent nus jusqu'à ceux qui ne vont que sous une carapace de fer; depuis ceux qui se battent à pied jusqu'à ceux qui combattent à cheval ou montés sur des éléphants; depuis ceux qui dardent des flèches & des javelots jusqu'à ceux qui lancent des balles, des boulets & des bombes.

Quand les rois virent arriver Macaber seul, avec sa faux, ils éclatèrent de rire & lui envoyèrent demander s'il les prenait pour un champ d'orge.

« Rira bien qui rira le dernier, répondit le filleul de la Mort : vous pouvez donner le signal de la danse. »

Les ennemis lui décochèrent aussitôt une grêle de dards, de flèches, de balles, de boulets, de bombes, d'obus, de grenades & autres projectiles ; mais il s'avançait là-dessous sans plus en souffrir qu'un berger qui ramène ses moutons sous la pluie. Il s'amusa même, dit-on, à rechasser les balles avec la main.

Alors il ôta son habit, retroussa les manches de sa chemise, &, pareil à un faucheur qui entre dans un pré, il pénétra dans les rangs & se mit à faucher avec sa grande faux d'un mouvement lent & régulier.

Il abattait mille têtes d'un coup, &, au bout d'une heure de cet exercice, il n'était non plus fatigué que s'il n'avait fauché que de l'herbe.

Les ennemis tentèrent de s'enfuir ; mais comme ils s'embarrassaient les uns dans les autres, & que Macaber, avec sa faux, devançait les chevaux les plus rapides, il ne leur resta d'autre ressource que de se jeter à ses pieds & de demander grâce.

Le vainqueur leur pardonna, à la condition que les rois vaincus lui rendraient hommage. Il fut nommé sur le champ de bataille empereur de l'univers, & devint, par cette seule victoire, plus puissant que ne l'ont jamais été Alexandre, César & Napoléon.

Sur le sommet de la plus haute montagne du globe, il fit construire un immense palais étincelant d'or & de diamants & s'y enferma dans sa gloire.

Les rois vaincus sollicitèrent l'honneur de le servir à genoux, & S. M. Macaber Ier fut adoré comme un dieu par tous les peuples de la terre.

Il passait sa journée sur un trône d'or massif, ce qui doit être une manière bien agréable de passer sa journée. Il portait une énorme couronne d'or de trois coudées, garnie d'émeraudes & d'escarboucles; il tenait d'une main le sceptre & de l'autre le globe impérial.

Derrière lui étaient placés ses gardes, par rang de taille, depuis le plus petit nain, grand comme Manneken-Pis, jusqu'au géant haut de dix pieds. Il ne sortait que dans un palanquin porté par des rois & précédé de cent tambours.

Les champs, les coteaux, les forêts, les lacs & les mers du monde entier étaient mis à contribution pour approvisionner sa table, & il ne dînait qu'au son d'une musique délicieuse.

Sa Majefté mangeait de la tarte & buvait de la bière de Louvain à chaque repas.

Pareil au roi Salomon, Macaber possédait mille femmes d'une rare beauté; &, comme d'un gefte il pouvait les faire mourir, il avait à les gouverner moins de peine que chacun de nous n'en éprouve à gouverner la sienne.

Il lui arrivait quelquefois de les battre pour se diftraire, &, chose étonnante & presque incroyable! pas une ne le trompait.

Tout tremblait devant lui. Pourtant il n'avait sous les yeux que des figures souriantes, &, quelque mal qu'il commît, il n'entendait qu'un concert de louanges.

VI

Si jamais homme goûta le bonheur, à coup sûr cet homme dut être Macaber. Hélas! non, Macaber n'était point heureux. Il ne lui manquait qu'une chose, une seule, une chose bien commune & que peut posséder le dernier des hommes & même des animaux : il n'était point aimé & n'aimait personne. Cela suffisait à empoisonner toutes ses jouissances.

Il voyait le sourire sur les lèvres, il sentait la haine au fond des cœurs. Il n'avait point d'amis, il n'avait que des valets.

La peur faisait ramper le monde entier à ses pieds, & cette bassesse universelle soulevait son mépris & causait son désespoir.

Il aurait donné l'empire de l'univers pour qu'un de ses flatteurs osât une seule fois lui dire la vérité en face.

Supplice épouvantable pour un homme que l'amour avait conduit à cette extrémité de vouloir être adoré comme un dieu!

Un soir, enfin, las de toutes ces grimaces, de tous ces mensonges, de toutes ces bassesses & de toutes ces haines, Macaber dépouilla son manteau impérial, revêtit des habits de paysan, prit la fatale faux & sortit de son palais par une porte dérobée, sans rien dire à personne.

Il s'enfuit comme un malfaiteur, de crainte d'être reconnu & ramené à son trône.

Il ne cessa de marcher que quand il fut arrivé à l'huis de la hutte où la Mort se reposait, les bras croisés.

« Ah! tenez, mon parrain, dit-il, reprenez votre faux & laissez-moi vivre comme le dernier des mortels : je serai plus heureux!

— Ainsi soit-il! » répondit la Mort; & il se remit sur-le-champ à sa besogne.

Macaber ne voulut même plus exercer la profession de médecin, qui lui rappelait trop son ancienne puissance : il se fit cultivateur, pour produire enfin, après avoir tant détruit !

Il s'établit au hameau du Chêne-Raoult, épousa une honnête paysanne & en eut dix enfants.

Le filleul de la Mort vécut jusqu'à près de deux cents ans. C'eſt le cas de longévité le plus remarquable qu'on ait vu depuis les patriarches.

Sur ses vieux jours, il racontait quelquefois sa merveilleuse hiſtoire aux petits-fils de ses arrière-petits-fils, qui en riaient doucement & pensaient tout bas que le bonhomme radotait : car les gens d'alors étaient déjà comme ceux d'aujourd'hui, qui rient de tout & ne croient plus à rien.

Martin et Martine

I

u temps jadis, il y avait bien loin d'ici, au pays des Mores, un petit prince qui était merveilleusement beau. Il était si beau qu'avant sa naissance on avait prédit que si jamais le roi, son père, venait à le voir, il en perdrait la vue.

Le monarque, qui tenait à ses yeux, fit élever son fils au fond d'un vieux château dans un lieu désert; mais l'enfant atteignait à peine sa dixième année, qu'ennuyé de sa solitude, il trompa la vigilance de ses gardiens & s'échappa.

Il fut recueilli par un de ces campénaires

qui promènent leur baudet aux quatre coins du monde, en criant : « Marchand de blanc sable! » ou : « A cerises pour du vieux fer! »

Ce campénaire avait une dévotion particulière à saint Martin. Il donna au petit prince le nom du patron des francs buveurs & l'emmena partout avec lui. Il voyagea encore quelques années de ce côté, après quoi il fut pris du désir de revenir au pays de la bonne bière & des grandes pintes.

Ce n'était point l'affaire du jeune Martin. Le gars trouvait notre ciel trop gris, les gens de chez nous trop rouvelèmes, je veux dire trop vermeils, & il se dépitait de les voir ricaner à l'aspect de sa figure bronzée.

Son père adoptif entrait d'ailleurs plus souvent que par le passé dans les chapelles dédiées à son patron, &, quand il avait récité trop de prières, autrement dit quand il avait bu trop de pintes, il lui arrivait parfois de caresser à coups de fouet les épaules du pauvre petit prince. Cela fit qu'un beau jour, entre chien & loup, Martin le planta là devers Cambrai & s'enfuit dans la forêt de Proville.

Il marcha jusqu'à nuit close, tant que, rompu de fatigue & mourant de faim, il avisa une maison isolée. Il y cogna & une jeune fille vint lui ouvrir.

« Serait-ce un effet de votre bonté, dit-il poliment, de me loger pour cette nuit ? Je tombe de faim & de lassitude.

— Comment vous appelez-vous ? demanda doucement la jeune fille.

— Martin, pour vous servir.

— Comme cela se trouve ! moi, je m'appelle Martine.

— Eh bien ! ma jolie Martine, ne souffrez point qu'un pauvre abandonné passe la nuit au soleil des loups.

— Je ne suis point jolie, répondit Martine, mais j'ai bon cœur & je voudrais vous le prouver. Malheureusement, mon père eft un ogre & il va revenir tout à l'heure. »

Le garçonnet fit un pas en arrière. Martine ajouta vivement :

« Bah ! entrez toujours. Ma mère eft charitable & nous verrons à vous cacher. »

Martin avait une telle fringale qu'il jugea que le plus pressé était de satisfaire son appétit, quitte à risquer plus tard d'assouvir celui de son hôte. Il entra résolûment.

II

La mère de Martine l'accueillit fort bien, lui donna à souper & lui fit raconter son hiftoire. Il finissait à peine son récit qu'on entendit heurter violemment à l'huis. C'était l'ogre qui revenait. Aussitôt sa femme ouvrit la caisse de l'horloge & Martin s'y blottit.

L'ogre se mit à table & mangea la moitié d'un veau qu'il arrosa de trois grands brocs de bière brune. Quand il en fut au dessert, il flaira à droite, à gauche, & se tournant vers l'horloge :

« Tiens ! dit-il, la patraque eft arrêtée !

— Ne vous dérangez point, mon père, s'écria Martine. Je vais la remonter à l'inftant. »

Mais l'ogre était un homme d'ordre. Il se leva & alla ouvrir la caisse :

« Oh ! fit-il, le joli moricaud ! C'eft donc cela que je sentais la chair fraîche ! »

Martine se jeta à son cou.

« Mon bon père, épargnez-le, je vous en prie. Il eft si gentil !

— Il sera mieux encore, accommodé aux pruneaux ! » répondit l'ogre.

Il saisit son grand couteau & commença de l'aiguiser.

« Je vous reconnais bien là, dit alors sa femme. Notre fille eſt tantôt en âge de se marier, &, à cause de vos goûts dépravés, personne n'en voudra que le grand Guillaume. Il nous tombe du ciel un fils de roi dont nous pourrions faire un gendre. Monsieur n'a rien de plus pressé que de le mettre à la broche. On n'eſt pas plus mauvais père ! »

L'ogre qui, au fond, n'était point un méchant homme, fut sensible à ce reproche. D'ailleurs, la perspective d'avoir un prince pour gendre lui souriait fort.

« Ah ! c'eſt le fils d'un roi, dit-il. Eh bien ! s'il s'engage à épouser Martine, je consens à m'en passer, bien qu'il semble déjà tout rissolé. »

Martin n'avait nullement envie de se marier. Il regarda Martine. La pauvre fille n'était point belle, mais sa figure exprimait tant de bonté qu'elle vous gagnait le cœur.

Le gars jugea qu'il devait être moins désagréable de faire le bonheur de la fille que celui du père. « Je l'épouserai, » dit-il, & le visage de Martine rayonna.

Le jeune prince lui avait plu tout de suite, & elle déteſtait profondément le grand Guillaume, un vieux célibataire qui la recherchait à cause de sa dot.

Mais l'ogre était pétri d'amour-propre. Il trouva la réponse bien froide & que le prince avait été long à se décider.

« Ce n'eſt pas tout de dire : « Je l'épouserai, » reprit-il, il faut voir si tu es digne de posséder un beau-père tel que moi. Qu'eſt-ce que tu sais faire ? »

Martin fut fort embarrassé. Il ne savait rien faire du tout, &, à ce point de vue, le campénaire l'avait véritablement élevé comme un prince. Il résolut de payer d'audace, & répondit bravement :

« Commandez, j'obéirai.

— Eh bien ! demain, au petit jour, nous irons dans la forêt & tu m'abattras cent mencaudées de bois. En attendant, va te coucher, dors bien & ne fais pas de mauvais rêves. »

III

Je ne sais quels furent les rêves de Martin, mais Martine se retourna vingt fois dans son lit, sans que grand-mère au sable vînt lui fermer les yeux.

« Jamais, se disait-elle, le pauvre garçon ne

pourra se tirer d'une pareille entreprise! Si encore mon parrain était ici, il nous aiderait à sortir d'embarras. »

Elle avait pour parrain Cambrinus, duc de Brabant, comte de Flandre, roi de la bière & fondateur de la ville de Cambrai.

A l'époque où Cambrinus apporta la brune liqueur de ce côté, l'ogre, qui buvait sec, fut le premier qui reconnut & proclama l'excellence du vin d'orge. Il en advint que Cambrinus se lia avec lui, malgré sa mauvaise réputation. Il voulut même être le parrain de sa fille & choisit pour commère la fée des Houblons.

N'ayant pas son parrain sous la main, Martine hasarda d'invoquer sa marraine.

« Bonne marraine, fit-elle, venez-nous en aide & sauvez mon futur époux, je vous en conjure. »

La fée parut, couronnée de feuilles & de fleurs de son nom.

« Es-tu bien sûre qu'il t'aime, ma pauvre enfant?

— Sauvez-le toujours, marraine. Je l'aimerai tant, qu'il faudra bien qu'il me le rende.

— Soit, voici ma baguette. Elle accomplira sur-le-champ toutes tes volontés; mais garde-toi de la perdre & surtout ne la laisse prendre à personne. »

Martine remercia chaudement sa marraine, s'endormit rassurée &, à son réveil, alla tout confier à sa mère.

IV

Le lendemain, l'ogre conduisit Martin devant un épais fourré, à cent pas de la maison, &, l'armant d'une cognée :

« A l'œuvre, mon gars, lui dit-il; je te donne trois heures pour me faire place nette. »

Et il le quitta en riant dans sa barbe.

Il alluma sa pipe, descendit à la cave, y chargea son épaule d'un baril de bière, se rendit ensuite à la salle à manger, choisit dans le dressoir une pinte de la contenance d'un pot, puis monta à son belvédère pour voir comment allait s'en tirer le pauvre Martin.

Martin n'essaya même point de donner le premier coup de cognée. Il songeait à s'enfuir, quand Martine vint le rejoindre, en se glissant d'arbre en arbre.

« Tenez-vous derrière moi, dit-elle, & cachez-moi bien, que mon père ne me voie. »

Et, sur-le-champ, elle toucha les arbres de sa baguette, & les aulnes, les charmes, les trembles,

les platanes, les hêtres touffus, les frênes aux rameaux élancés, les pâles peupliers, les bouleaux à la robe d'argent, les chênes centenaires, les châtaigniers, les érables, les merisiers, les cornouillers tombèrent tour à tour avec un fracas épouvantable.

Les oiseaux s'envolaient par bandes en jetant des cris d'effroi, & aussi s'enfuyaient, affolés de peur, les chevreuils, les daims, les cerfs, les renards, les loups & les sangliers.

Du haut de son belvédère, l'ogre contemplait cet immense abattage. Il ouvrait des yeux grands comme des roues de charrette & ne pouvait en croire ses yeux. Sa surprise était telle, qu'il en oubliait de boire & laissait sa pipe s'éteindre.

Il avait pourtant trop d'amour-propre pour montrer son étonnement, &, quand le petit boquillon revint avec sa cognée, il lui dit d'un air railleur :

« Tu ne t'entends point trop mal à mettre les écureuils à pied, mais tu ne m'as fait qu'un quart de jour. Il s'agit maintenant de me creuser un vivier à l'endroit que tu viens de nettoyer. Voici une bêche, nous verrons si tu en joues aussi bien que de la cognée. »

Puis il ajouta en s'adressant à sa fille :

« Quant à vous, mademoiselle, vous allez me suivre & vous me direz vos plus belles chansons, pour me tenir éveillé pendant que ce beau lapin fera son trou. »

Il avait cru apercevoir une robe blanche dans le grand massacre des arbres, & il soupçonnait vaguement sa fille.

V

Martin retourna à la clairière, &, comptant sur Martine, il commença de bêcher, comme s'il ne s'était agi que de faire une fosse pour un frêne.

Martine chanta d'abord ses chansons les plus gaies ; puis peu à peu elle ralentit la mesure, tant qu'enfin l'ogre laissa tomber sa pipe à terre, sa tête sur l'épaule & tomba lui-même dans un profond sommeil.

La petite fée accourut alors, légère comme une hirondelle. En quelques coups de baguette, elle déblaya la place, creusa le sol, fit jaillir toutes les sources & remplit le bassin d'une belle nappe d'eau, qui resplendit comme une immense plaque d'acier aux rayons du soleil. L'ogre, à son réveil, en fut tout ébloui.

Il descendit en grommelant & on ne peut plus mortifié. Comme midi venait de sonner, il trouva son monde à table. Il se plaignit de ce que la soupe était trop froide, le rôt brûlé, la bière sur le bas, & chercha tout le temps un prétexte de quereller le pauvre Martin.

A la fin, il lui vint une idée.

« Quel poisson as-tu mis, dit-il, dans ton vivier ? »

Du poisson ! Martin, qui n'était pas pêcheur, avait juftement oublié de recommander ce point à Martine. Il ne sut que répondre.

« Ah ! ah ! mon gaillard, fit l'ogre, enchanté de le prendre sans vert. On te commande un vivier & tu oublies de l'approvisionner ! Tu es tout jufte aussi malin qu'une marmotte, toi !

— Il va réparer sa faute, dit Martine.

— Qu'on porte mon café & ma bouteille de brandevin au belvédère ! Nous allons voir ça. »

Et l'ogre y monta en se frottant les mains. Sa fille l'y suivit, & c'eft à peine si cette fois elle eut besoin de dire une seule chanson. Son père s'endormait régulièrement après le dîner : il ne tarda point à ronfler.

En deux sauts Martine fut auprès de Martin. Malheureusement il lui fallut plus de temps pour peupler le vivier. On comprend qu'il eft moins facile, même pour la baguette d'une fée, de créer des poissons que de couper des arbres ou de fouir la terre. Longtemps elle battit l'eau sans faire éclore le moindre barbillon.

13.

Enfin, au bout d'une heure, les carpes dorées, les perches aux nageoires de pourpre, les brochets gloutons, les anguilles roulées en verts anneaux, les goujons, les ablettes, les loches ou guerliches commencèrent de s'y jouer. Martin s'oubliait à les regarder, & Martine à regarder Martin, quand tout à coup :

« Ah! je vous y prends, coquine! » cria une voix formidable, la voix de l'ogre qui était arrivé à pas de loup. Il les saisit chacun par une oreille & les ramena à la maison.

« Donne-moi mon couteau, dit-il à sa femme, que j'habille tout de suite ce jeune coq d'Inde. »

Sa femme vit qu'il ne fallait point le heurter de front.

« Vous feriez bien mieux, répondit-elle, d'attendre jusqu'à demain. C'eſt dimanche la ducasse & nous avons à dîner deux ogres de vos amis. On n'a pas tous les jours un prince à se mettre sous la dent.

— Au fait! ce sera vraiment ce qui s'appelle un morceau de roi. »

Et il le serra dans son garde-manger. Je veux dire qu'il enferma Martin dans une chambre, tout au haut de la maison.

VI

Le soir, après le souper, Martine, comme d'habitude, refta la dernière pour couvrir le feu. Elle prit son rouet, le plaça devant le cendrier, &, le touchant de sa baguette :

« Rouet, rouet, dit-elle, mon joli rouet, quand on m'appellera, n'oublie point de répondre pour moi. »

Elle posa en outre sa quenouille sur la première marche de l'escalier, monta à sa chambre, mit son fuseau sur son lit & leur fit la même recommandation ; après quoi elle fut à la chambre du jeune prince. Elle toucha la porte de sa baguette, & la porte s'ouvrit sur-le-champ.

« Je viens vous sauver, dit-elle à Martin, mais il eft nécessaire que nous nous évadions ensemble. Vous ne sauriez sans moi échapper à mon père. »

Elle le prit par la main, & tous deux s'enfuirent de la maison.

Un peu après l'heure du couvre-feu, l'ogre s'éveilla, &, voulant s'assurer que sa fille était dans son lit, il cria :

« Martine ! Martine !

— Voilà, mon père ! répondit le rouet. Je couvre le feu, je vais me coucher. »

Une heure plus tard il s'éveilla de nouveau & cria :
« Martine ! Martine !

— Voilà, mon père ! répondit la quenouille. Je monte l'escalier. »

L'heure d'ensuite, il s'éveilla encore une fois :
« Martine ! Martine !

— Je suis dans mon lit, je dors, bonne nuit ! » répondit le fuseau.

« Tout va bien, se dit l'ogre. Nous pouvons dormir sur nos deux oreilles. » Et il ronfla comme un orgue.

Qui fut penaud ? Ce fut le mangeur d'enfants, lorsqu'il vit, le lendemain matin, que sa fille avait pris la poudre d'escampette avec le morceau de roi qu'il destinait à sa table. Vite, il commande à sa femme de lui apporter ses bottes de sept lieues & se met à la poursuite des fugitifs.

Ils avaient fait beaucoup de chemin, mais les bottes de sept lieues vont d'un tel pas que, malgré qu'il eût perdu du temps à chercher leur trace, l'ogre les rejoignit bientôt.

Martine le vit venir de loin &, au détour de la route, d'un coup de sa baguette, elle changea Martin en chapelle. Elle-même revêtit la figure d'une de ces fillettes qui, aux fêtes carillonnées, dressent de petits autels au coin des rues, & poursuivent les gens, un plateau à la main, en criant: « Pour l'autel de la Vierge ! Pour l'autel de la Vierge ! »

« Tu n'as pas vu passer un jeune garçon & une jeune fille ? interrogea le voyageur.

— Pour l'autel de la Vierge ! Pour l'autel de la Vierge ! fit la fillette.

— Je te demande si tu as vu passer un jeune gars & une jeune fille.

— Pour l'autel de la Vierge ! pour l'autel de la Vierge !

— Au diable ! je n'ai rien à donner ! » gronda l'ogre impatienté.

Il continua sa route, battit vainement les environs & finit par reprendre le chemin de sa maison. Sa femme, qui s'attendait à le voir revenir bredouille, ne fut point fâchée de se moquer de lui un brin.

« Tu ne les a point rencontrés ? lui demanda-t-elle.

— J'avais bien cru les apercevoir, mais ils ont disparu au tournant d'une route, & je n'ai plus trouvé qu'une chapelle où une garcette m'a demandé l'aumône.

— Que tu es bête, mon homme ! Eh ! parbleu ! la chapelle, c'était le petit prince, & la fillette était ta fille.

— J'y retourne! s'écria l'ogre, & si je les attrape, je jure Dieu que je fricasse l'un & que je marie l'autre au grand Guillaume. Ce ne sera pas la moins punie des deux! »

Il repartit & ne revit point la chapelle; mais plus loin il rencontra un magnifique rosier qui portait une belle rose blanche. Il se baissait pour la cueillir & la rapporter à sa ménagère, quand il réfléchit que la fleur aurait le temps de se faner & que mieux valait la prendre en repassant.

Il voyagea longtemps, longtemps, sans découvrir les fugitifs. Enfin, las de courir, il revint sur ses pas & ne pensa plus à la rose. Il ne s'en souvint qu'en contant la chose à sa moitié.

« C'eft trop fort, dit-elle en lui riant au nez. Quoi! tu ne t'es point avisé que le rosier, c'était Martin & que la rose était Martine!

— Je les attraperai, fit l'ogre, quand je devrais arracher tous les rosiers à cent lieues à la ronde! »

VII

Il se remit une troisième fois en campagne & détruisit tous les rosiers de la route, mais déjà les fugitifs étaient revenus à leur première forme.

Ils gagnaient du terrain; pourtant, leur persécuteur arriva presque aussi vite qu'eux au bord d'un grand lac. Martine n'eut que le temps de changer Martin en bateau & elle-même en batelière.

« Eſt-ce que vous n'avez pas vu par ici un jeune homme à la peau brune & une jeune fille vêtue de blanc? demanda l'ogre.

— Si fait, répondit la batelière. Ils ont suivi quelque temps le bord, ensuite ils ont pris par la saulaie; » &, repoussant le rivage de sa rame, elle gagna le large.

L'ogre enfila le chemin qu'on lui indiquait & n'y trouva personne. Le soir tombait & notre homme était outré de fatigue.

Il retourna chez lui par Cambrai & s'arrêta au *Grand Saint-Hubert*, pour boire une pinte & jouer une partie de cartes avec son compère Cambrinus.

On a beau être père, on n'en eſt pas moins homme, & un homme rangé ne se couche point sans avoir vidé sa demi-douzaine de canettes. L'ogre en buvait quarante, c'était son ordinaire.

En trinquant il conta sa mésaventure à son compère, qui le consola de son mieux.

« Ne te fais pas de bile, lui dit-il. Ma filleule ramènera un jour ou l'autre son petit prince par le bout du nez.

— Tu crois?

— Parbleu!... C'eſt ta faute, aussi! Pourquoi as-tu la mauvaise habitude de manger les moutards? Sans ce malheureux défaut, il y a longtemps que je t'aurais fait une proposition.

— Laquelle?

— Voici, fieu. Ma bonne ville de Cambrai eſt en pleine prospérité & peut se passer de mes services. J'ai donné aux Camberlots la bière & le carillon : rien ne manque à leur félicité, & c'eſt pourquoi j'ai envie d'aller planter mes choux à Fresnes, mon pays natal. Pour lors, il me faudrait ici un brave homme qui pût me remplacer en qualité de bourgmeſtre. »

L'ogre avait toujours rêvé les honneurs. Il vit tout de suite où voulait en venir son compère, & fut si flatté dans son amour-propre qu'il en oublia complétement les fugitifs.

« Et tu as songé à moi? dit-il.

— Oui, mais le diable, c'eſt ta passion pour la chair fraîche ; on n'osera plus se marier, & cela nuira à la population.

— Qu'à cela ne tienne, fieu. Je m'engagerai, s'il le faut, à respecter la marmaille.

— Ta parole?

— J'en crache mon filet! s'écria l'ogre en se pinçant sous le menton, ce qui eſt, pour les gens de chez nous, le serment le plus solennel.

— Eh bien! tope là, fit Cambrinus. Viens manger la soupe dimanche prochain : j'invite les notables & je t'inftalle entre la poire & le fromage. »

VIII

L'ogre ne tarda point à faire un excellent bourgmeftre. Sa méthode était toute simple. Elle confiftait, comme celle du gros mayeur d'Erchin, à laisser chacun vivre à sa guise & le monde rouler sa bosse à la volonté de Dieu.

Il avait d'ailleurs choisi pour aide de camp le grand Guillaume, l'ancien soupirant de Martine & l'ex-greffier du gros mayeur. C'était un vieux routier qui savait le train des affaires & qui les menait de routine, comme une rosse aveugle tourne la meule d'une brasserie.

Un seul souci tracassait M. le bourgmeftre. Engourdis par la brune liqueur de Cambrinus, les mynheers de Cambrai ne démarraient de l'eftaminet non plus que des bélandes engravées, &, le soir, il n'eût fallu rien moins que des crics & des treuils pour remuer ces vivants tonneaux de bière.

On avait beau les prévenir que l'heure du

couvre-feu était sonnée, plongés dans une douce somnolence, les mynheers vous regardaient en dodelinant de la tête & faisaient la sourde oreille.

« Ils n'entendent non plus que des morts, disait le gognat Vasse, le valet de ville.

— Je leur ferai un si beau bruit qu'ils l'ouïront, fussent-ils au fin fond de la bière, » s'écria l'ogre, &, tout heureux de son calembour, il commanda au meilleur horloger de Cambrai une magnifique horloge qu'on plaça, avec une cloche énorme, sous le dôme de l'hôtel de ville.

L'horloge marquait l'heure aussi juſte que le ventre d'un Fresnois. Il ne s'agissait que de choisir quelqu'un pour sonner la cloche. Par malheur, cette fonction parut si monotone que personne ne voulut s'en charger, à quelque prix que ce fût.

Peut-être les mynheers de Cambrai étaient-ils sous main pour quelque chose dans cette universelle répugnance.

C'eſt en vain que M. le bourgmeſtre & son greffier cherchaient un moyen de se tirer d'embarras. Pour y rêver à son aise, l'ogre prit sa canardière & alla se mettre à l'affût dans les clairs ou, si vous l'aimez mieux, les marais de Palluel.

IX

Caché par une immense futaille entourée de roseaux, il était là depuis trois heures, la gibecière aussi vide que la cervelle, quand il aperçut, au bout de l'horizon, un point noir qui grossit peu à peu & devint, sous ses yeux ébahis, un cygne de si grande envergure qu'il n'en avait jamais vu de pareil.

La tête sous son tonneau, il attendit le gibier, puis soudain il se démasqua & le coucha en joue.

« Ne tirez pas ! ne tirez pas ! » cria l'oiseau.

L'ogre, au comble de la surprise, laissa retomber son arme. Il avait bien entendu dire que les cygnes chantaient à l'article de la mort, mais personne, à sa connaissance, ne les avait jamais ouïs parler.

Il reconnut enfin, sur le dos du cygne, devinez qui... sa fille elle-même. La robe blanche de Martine se confondait avec les blanches ailes, & c'eſt pourquoi l'ogre ne l'avait point diſtinguée tout d'abord.

Ignorant les événements survenus en son absence, Martine avait choisi ce mode de transport pour se réfugier à Cambrai, chez son parrain Cambrinus.

« Descends, ou je casse une aile à ta monture! » cria le chasseur.

L'oiseau s'abattit à quelques pas.

« D'où viens-tu? continua l'ogre d'un ton sévère. Eſt-ce une conduite pour une jeune fille bien élevée que de se promener en l'air sur le dos d'un cygne? »

La voyageuse, à ce discours, baissait la tête sans répondre.

« Et ton prince, qu'eſt-ce que tu en as fait? Je l'avais bien dit qu'il te planterait là!

— Mais c'eſt lui, mon père! s'écria Martine en montrant l'oiseau. C'eſt Martin.

— Ah! c'eſt Martin! Eh bien! j'ai juré de ne plus manger les enfants, mais je n'ai rien promis pour les cygnes! »

Il saisit sa canardière. C'était fait du pauvre garçon si, plus prompte que l'éclair, Martine ne lui avait rendu sa première forme.

Son père, furieux, lui arracha des mains sa baguette. Celle-ci disparut sur-le-champ & Martine, désolée, se rappela la recommandation de sa marraine. La pauvre fille était désormais sans arme pour protéger celui qu'elle aimait. L'ogre leur ordonna de marcher devant, & il rentra à Cambrai de fort méchante humeur.

X

Son dépit venait surtout de ce qu'il ne savait à quel dessein s'arrêter. Un père sensé n'eût point balancé une minute, il eût marié au plus vite les coupables ; mais l'ogre n'était pas homme à pardonner le tour que lui avait joué sa fille.

Ils rencontrèrent sur la place le grand Guillaume qui bayait aux corneilles, en quête d'une idée. Les yeux fixés sur l'horloge, il semblait, comme toujours, chercher midi à quatorze heures.

Le grand Guillaume était ainsi nommé de ce qu'il avait de grands pieds, de grandes mains, une grande bouche, un grand nez & de grandes oreilles. Bref, tout chez lui était grand, hors l'esprit & le cœur.

L'ogre lui conta son cas en deux mots. Le vieux garçon entrevit là un biais d'épouser Martine : il se gratta le genou... je veux dire la tête &, pour la première fois de sa vie, il parvint à en extraire une idée.

« Vous avez besoin, dit-il, d'un sonneur. Eh bien ! mais en voilà un tout trouvé !

— Au fait ! je vais le planter là-haut. Ça lui

apprendra à courir. » Et l'ogre donna sur-le-champ l'ordre de faire monter Martin près de la cloche. Hélas ! pauvre Martine ! Que n'avait-elle encore sa baguette !

On enchaîna le petit prince à l'une des colonnes, on lui mit en main un lourd maillet & on lui enjoignit de sonner l'heure exactement, sous peine de mourir de faim.

Le grand Guillaume chargea un ex-garde-chiourme de ses amis, qui avait nom Riboulet, de lui jeter sa nourriture & surtout de le surveiller jour & nuit pour l'empêcher de s'endormir.

« Quant à cette belle enfant, dit-il ensuite à l'oreille de l'ogre, si vous en êtes embarrassé, je connais un honnête garçon qui s'en arrangera bien tout de même. »

Au clin d'œil que lui fit son greffier, le bourgmestre comprit de qui l'honnête garçon entendait parler, & il en fut humilié jusqu'au fond de l'âme.

Il enferma Martine à triples verrous &, content, en somme, de sa journée, il s'en alla boire sa pinte au *Grand Saint-Hubert*. Martin sonna le couvre-feu à dix heures précises, mais M. le bourgmestre ne rentra que passé minuit &, bien qu'il fît clair de lune, il avait la joue empourprée d'un magnifique coup de soleil.

Le lendemain, il s'éveilla fort tard & fut visiter la prisonnière. Il trouva la cage ouverte & l'oiseau envolé. Il demanda à sa femme ce qu'était devenue sa fille.

« Eſt-ce que vous me l'avez donnée à garder ? » répondit celle-ci en haussant les épaules.

Il se douta que la mère & la fille étaient de connivence, mais comme il n'aimait point les querelles de ménage, il ne souffla mot & sortit pour dissiper sa colère.

En traversant la place, il avisa une foule de gens qui se tenaient le bec en l'air & les yeux fixés sur l'horloge. Il leva le nez comme les autres, & que vit-il ? Martine auprès de Martin.

Il fut pris d'un terrible accès de fureur. S'il avait eu sa canardière sous la main, nul doute qu'il n'eût descendu sa fille comme une sarcelle. Quand il put recouvrer la parole, il s'écria :

« Puisque la coquine se trouve bien là, qu'elle y reſte ! »

Et, sans vouloir entendre à rien, il commanda qu'on l'enchaînât de l'autre côté de la cloche.

XI

Martin & Martine passèrent une année ainsi, exposés à toutes les injures de l'air. Sous les feux du soleil, le visage de la jeune fille finit par devenir presque aussi brun que celui de son compagnon. On remarqua, comme une chose merveilleuse, qu'au fur & à mesure que son teint se bronzait, ses traits paraissaient plus fins & plus réguliers. Son âme montait, pour ainsi dire, à fleur de peau & s'épanouissait sur sa figure. La douce majesté du sacrifice rayonnait à son front comme une auréole.

La pauvre fille souffrait bien moins de son dur supplice que de la souffrance de Martin. Séparée de lui par l'énorme cloche, elle ne pouvait le voir ni même lui parler. A peine les infortunés essayaient-ils d'échanger un mot, qu'apparaissait la face patibulaire de Riboulet.

Le dévouement de Martine avait profondément touché le jeune prince, & maintenant il l'aimait autant qu'il en était aimé. Peut-être aussi leur éternelle séparation y entrait-elle pour quelque chose.

Les mynheers de Cambrai contemplaient les deux victimes en fumant leur pipe &, bien qu'épaissis par la bière, ils se sentaient émus de pitié & ne pouvaient s'empêcher de de les plaindre. Ils tentaient même quelquefois d'implorer la grâce des coupables, mais M. le bourgmeſtre répondait invariablement par ces mots, que lui avait soufflés son greffier :

« Ma fille eſt libre. Qu'elle consente à revenir chez son père & sur-le-champ je brise ses chaînes ! »

Bientôt on s'habitua tellement à ce spectacle qu'on cessa d'y prendre garde, & le plus clair résultat de la jalousie du grand Guillaume fut qu'à dix heures précises tous les cabarets se vidaient, comme par enchantement, au son du couvre-feu.

Seule, la mère de Martine ne pouvait s'accoutumer au supplice de sa fille, &, tout ogre qu'il était, son mari aurait fini par céder à ses pleurs, sans la déteſtable influence qu'il subissait. Mais un jour vient où tout se paye, & le grand Guillaume ne devait point le porter en paradis.

Il prit, un beau matin, fantaisie à Cambrinus de rendre visite à sa bonne ville de Cambrai. En passant sur la place, il entendit sonner la cloche & leva la tête. Il fut très-étonné d'apercevoir sa filleule.

« Qu'eſt-ce que tu fais donc là ? lui dit-il.

— Hélas ! mon parrain, vous avez devant vos yeux deux bien malheureuses créatures ! »

Et la pauvre fille fondit en larmes.

Le farouche gardien apparut aussitôt, mais d'un coup d'œil Cambrinus le força de se cacher & se fit conter toute l'hiſtoire. Connaissant, pour les avoir éprouvés, les tourments de l'amour, il alla sur-le-champ trouver son ami.

« Eſt-ce que tu perds la boule, lui dit-il, de donner ainsi ta fille en spectacle ? Puisque ces enfants s'aiment tout de bon, que ne les maries-tu, plutôt que de les faire mourir à petit feu ? »

L'ogre lui opposa mille raisons plus absurdes les unes que les autres. Le roi de la bière les réfuta victorieusement.

« Tu vas déranger toutes nos habitudes, finit par dire le bourgmeſtre. Ils sonnent si bien la cloche ! C'eſt seulement depuis qu'ils sont là que je peux avoir la paix & tout le monde couché à dix heures.

— Si c'eſt là que le bât te blesse, répondit Cambrinus, rappelle-toi que le roi de la bière eſt aussi l'inventeur du carillon. Je me fais fort de te fabriquer deux sonneurs mécaniques qui ressembleront comme deux gouttes d'encre à ces pauvres martyrs. Que le couvre-feu soit sonné par Jacques ou Martin, que t'importe, pourvu que tes jaquemarts le sonnent exactement !

— Mais que dira le grand Guillaume?

— Qui ça? ton grand niquedoule de greffier? Il n'en a que trop dit &, d'ailleurs, il radote. Le mayeur d'Erchin l'avait bien jugé : décidément, il n'eſt plus bon qu'à mettre aux *Vieux-Hommes!*

— Au fait! il y a assez longtemps qu'il fait mourir mes enfants à petit feu ! » s'écria le bourgmeſtre tout à fait converti.

Et il mit aux *Vieux-Hommes* le grand Guillaume & son ami Riboulet. Ils y sont toujours.

XII

Cambrinus fabriqua les deux jaquemarts de bronze qu'on voit encore aujourd'hui sonner l'heure sous le dôme de l'hôtel de ville de Cambrai. Ils prirent le nom comme ils avaient pris la figure & la place de Martin & de Martine.

Le jour même où on les inſtalla, leurs prédécesseurs se marièrent en grande pompe & prouvèrent ainsi que, malgré la vanité & la jalousie des sots, l'esprit & la conſtance trouvent parfois ici-bas leur récompense.

On fit un superbe feſtin, que présidèrent le roi de la bière & la fée des Houblons. En souvenir de son ancien métier, Martin y invita les campénaires de Quevaucamps, Grandglise, Stambruges & autres lieux. Ils y furent tous à baudet & superbement culottés de velours vert-bouteille.

Jamais à Cambrai, le pays aux ânes, on ne vit une si belle réunion de baudets. J'y allai comme les autres, mais je ne fut point de la noce & je revins, le ventre creux, sur la queue de notre chien.

Les gens de Cambrai racontent d'une autre façon l'hiftoire de Martin & de Martine. Cela vient de ce que les Cambraisiens sont férus du cerveau & qu'ils ont perdu la mémoire du passé; & c'eft pourquoi on dit en commun proverbe que « tous les Camberlots ont reçu de Martin un coup de marteau. »

La Chandelle des Rois

I

u temps jadis, du côté de Douai, près du village de Lécluse, sur le haut de la colline où se voit l'énorme bloc de grès que les gens du pays appellent la *Pierre du Diable*, vivait un gros fermier nommé Antoine Wilbaux, qui tenait à cense la moitié des terres d'alentour.

Une année que la moisson avait été magnifique, il advint que, la veille du jour où l'on devait la rentrer, le feu prit dans la grange du censier, la plus belle qu'il y eût à sept lieues à la ronde.

Elle fut entièrement brûlée avec les seigles & les foins qu'elle contenait.

La ferme d'Antoine étant isolée, il ne pouvait recourir aux granges de ses voisins. Il se voyait forcé de laisser sa récolte couchée sur les champs, car, en ce temps-là, on n'avait point encore inventé de mettre les épis en moyettes.

Or, le véritable Matthieu Lænsberg avait prédit pour cette époque une pleine semaine de pluie.

Dans cette extrémité, Wilbaux eut l'idée d'aller, le soir même, consulter un sien frère qui demeurait à Hendecourt, à environ deux lieues de là.

Arrivé à l'endroit où le chemin coupe la grande route d'Arras, il vit tout à coup devant lui un homme vêtu d'un manteau brun, l'épée au côté & le chapeau orné d'une plume rouge.

« Où vas-tu, compère? dit l'inconnu.

— Que vous importe? répondit le censier, qui n'était point en humeur de causer.

— Il t'importe, à toi, que je le sache, car moi seul puis te sauver de la ruine. »

Wilbaux se trouvait fort en retard dans ses payements & il s'agissait, en effet, pour lui d'une ruine complète. Il s'aperçut que l'étranger n'avait point de blanc dans les yeux.

Les deux globes en étaient si complétement noirs, qu'ils semblaient avoir été taillés dans une gaillette de houille. A cette marque il reconnut Belzébuth.

« Et comment me sauverez-vous ? demanda-t-il.

— En rétablissant ta grange.

— Avec tout ce qu'elle contenait ?

— Avec tout son contenu.

— Mais quand ?

— Cette nuit même. »

Antoine hésita quelques secondes, puis, prenant son parti :

« J'accepte, dit-il.

— En ce cas, mon compère, signe ceci. »

Et Belzébuth présenta au fermier une plume & un morceau de parchemin vierge, couvert de figures cabaliſtiques.

« Que signifient ces caractères ? demanda Wilbaux.

— Ils signifient que tu seras à moi, corps & âme, dans cinquante ans, si, au chant du coq, j'ai remis ta grange en son premier état. »

Antoine se piqua le doigt & signa d'une goutte de son sang. L'Esprit malin disparut.

De retour chez lui, le fermier ne voulut ni souper, ni se coucher. Il ne dit pas un mot à sa femme, & ne fit que sortir, rentrer & ressortir durant toute la nuit.

Inquiète de ce manége, celle-ci finit par suivre

son mari, &, du seuil de la porte, elle vit un spectacle étrange.

Une foule de petites créatures au visage couleur de feu, aux doigts crochus, aux pieds de bouc, travaillaient en silence à rebâtir la grange.

« Qu'eſt-ce que cela? Seigneur Jésus! dit en tremblant la censière.

— Cela, ma pauvre Françoise, répondit Antoine, c'eſt notre salut en ce monde & ma perte éternelle dans l'autre! »

Et il lui avoua tout.

Françoise était une femme sensée & craignant Dieu. Elle rentra sur-le-champ dans sa chambre, se jeta à genoux, & demanda au ciel avec ferveur un moyen de sauver son mari.

Elle se releva la figure rayonnante, saisit la boîte au brûlin, battit le briquet & enflamma le vieux linge à demi consumé.

Elle prit ensuite une de ces longues allumettes de chanvre soufré qu'on appelle chez nous des buhottes, puis la grosse chandelle de cire bariolée que le chandelier lui avait donnée le jour des Rois.

Munie de ces objets, elle traversa la cour & s'en fut au poulailler.

La grange était presque reconſtruite. Les couvreurs atteignaient le faîte.

Tout à coup une vive lumière inonde le poulailler, & Chanteclair, croyant voir paraître le jour, crie à plein gosier : Coquerico !

Aussitôt les diables de décamper en se culbutant, comme une volée d'oisillons surpris par le faucheur. C'eſt en vain que Belzébuth, qui posait les dernières tuiles, voulut retenir ses hommes. De rage, il lança au loin la coupette du pignon & s'enfuit en blasphémant.

Le lendemain, chose étrange ! au lieu d'un simple grès, on trouva dans le champ voisin une énorme pierre, longue d'environ trente pieds, large de six, épaisse de deux, & qui avait pénétré dans le sol à une toise & demie de profondeur.

La ferme de Wilbaux n'exiſte plus depuis longtemps, mais la pierre du diable eſt toujours à la même place, &, sur la face qui regarde le Hamel, on remarque trois petites rigoles qui sont, dit-on, la trace des griffes de Belzébuth.

Antoine rentra sa récolte & essaya d'achever sa grange, mais vainement. Les tuiles tombaient durant la nuit, & le trou reſtait toujours béant.

Cependant, les jours pluvieux qu'avait prédits *le Double Liégeois* arrivèrent à point nommé. L'eau du ciel, entrant dans la grange comme l'âne au moulin, pourrit la récolte, & le censier se trouva encore plus réus, je veux dire encore plus embarrassé qu'auparavant.

II

Une nuit qu'il pleuvait à verse, Wilbaux, sans en rien dire à sa femme, retourna à la place où il avait rencontré Belzébuth; mais bien qu'il fît un temps de tous les diables, le nôtre ne s'y promenait point.

Antoine résolut alors de l'obliger à paraître, &, pour cela, il eut recours à la toute-puissante cabale de la Noire Glaine, selon qu'elle eſt enseignée dans *le Véritable Dragon rouge, ou l'Art de commander aux esprits céleſtes, terreſtres & infernaux.*

Il alla, à onze heures du soir, chercher une jeune glaine, — comme qui dirait une poulette, — noire & qui n'avait jamais pondu; il eut soin de la prendre par le cou, sans la faire crier; il se rendit ensuite à l'endroit où les deux routes se croisent.

Là, à minuit sonnant, il traça un rond avec une baguette de cyprès, se mit au milieu, & fendit la bête en deux, en répétant par trois fois : « *Eloïm! Essaïm!* »

Une flamme sortit de terre & Belzébuth parut.

« Que me veux-tu? dit-il.

— Je veux faire un pacte avec toi.

— Ah! ah! mon gaillard. Tu croyais donc que le diable était homme à se laisser berner par un lourdaud de paysan.

— Ce n'est point moi, c'est ma femme...

— Suffit. Que désires-tu?

— Que tu me permettes d'achever ton œuvre.

— J'y consens à une condition, c'est que tu m'abandonneras l'enfant que ta femme va te donner.

— Non... pas l'âme de mon enfant... la mienne!

— La tienne! je ne suis mie en peine de l'avoir. C'est ta fille qu'il me faut. D'ailleurs elle n'y perdra rien. J'en ferai une princesse. »

Wilbaux résista longtemps, mais effrayé par l'idée de se voir, ainsi que sa femme, réduit à mendier son pain, il finit par consentir.

« Va terminer ta grange, lui dit alors Belzébuth, &, dans trois mois, songe à tenir ta parole. »

III

Trois mois après, par un soir de novembre, Antoine fumait sa pipe à la lueur du feu. Les pommes de terre chantaient sur le gril, & Françoise fredonnait *do, do, Ninette*, à une ravissante petite fille qui riait aux anges dans son berceau.

Au dehors, la neige tourbillonnait & le vent hurbêlait. Tout à coup une voix plaintive s'éleva derrière la porte.

« Bonnes gens, ouvrez au pauvre pèlerin.

— N'ouvre point! cria Antoine, qui tressaillit à cette voix.

— Oh! pourquoi? Il fait si mauvais dehors! »

Et Françoise alluma la chandelle des Rois, qui se trouvait sur la cheminée, puis alla ouvrir, en disant :

« Entrez, l'homme de Dieu. »

Alors parut sur le seuil un homme vêtu d'un froc de laine semé de coquillages, coiffé d'un chapeau à larges bords, l'escarcelle au côté, la besace au dos, la gourde à l'épaule & le bourdon à la main.

L'étranger portait le pieux coſtume des pèlerins, mais loin de paraître humble & contrit, il promenait par la chambre un regard dur & insolent. Ses yeux, semblables à deux boules de jais, lançaient des flammes.

« Arrière, Satan! lui cria Wilbaux, en s'élançant à sa rencontre.

— Ah! l'honnête homme! ricana Belzébuth, car c'était lui. Eſt-ce donc ainsi que tu tiens ta promesse?

— Que voulez-vous? demanda Françoise qui commençait à trembler.

— Je veux cette enfant qui m'appartient.

— Ma fille!... »

Et la mère s'élança vers le berceau.

« Censier, dit Belzébuth, commande à ta femme de rester coite, sinon... »

Antoine garda le silence, & Françoise, les yeux étincelants, se tint devant sa fille, comme une lionne protégeant son lionceau.

« Est-il vrai, demanda le Maudit, que tu as promis de me donner ta fille si je te laissais achever ta grange?

— C'est vrai, répondit Wilbaux d'une voix étouffée.

— Mais je n'ai rien promis, moi! dit Françoise, & l'enfant est à la mère comme au père.

— L'homme est le maître, répliqua Belzébuth. Dépêchons, je suis pressé. »

Et il fit un pas en avant.

Françoise vit que toute résistance était inutile.

« Oh! par pitié! s'écria-t-elle en joignant les mains, laissez-moi mon enfant!

— Non.

— Rien que jusqu'à demain.

— Non.

— Inspire-moi, Seigneur! » dit tout bas la pauvre mère.

Puis, avisant la chandelle des Rois, elle reprit, frappée d'une idée subite :

« Donnez-moi, du moins, le temps de l'embrasser une dernière fois... seulement jusqu'à ce que cette chandelle soit entièrement consumée !...

— Soit ! » fit Belzébuth, qui, n'étant pas bien sûr de son droit, jugeait prudent de transiger.

Il prit une chaise, s'assit auprès du feu & se mit à bourrer sa pipe.

Soudain Françoise éteignit la chandelle, l'enferma dans le dressoir & en retira la clef.

De colère, Belzébuth cassa sa pipe & se leva en disant :

« Femme, je t'apprendrai à vouloir ruser avec le diable ! C'eſt ta fille qui, malgré toi, achèvera de brûler cette chandelle.

— Je saurai bien la détruire avant qu'on l'allume, répondit Françoise enhardie.

— Ne t'en avise point, répliqua Belzébuth. Ta fille mourrait sur l'heure ! »

Et il disparut, ne doutant point qu'après avoir séduit Ève, il n'eût facilement raison d'une de ses arrière-petites-filles.

IV

Le lendemain on baptisa l'enfant & on lui donna le nom de Gillette. Gillette grandit sans qu'on eût, durant plusieurs années, aucune nouvelle de Belzébuth.

Elle était fort jolie, mais capricieuse comme une biquette & aussi étourdie que le premier coup de matines, — un vrai passe-diable, ainsi que l'appelaient les gens de Lécluse.

Vers l'âge de sept ans, il lui arriva une aventure extraordinaire. Comme elle allait toujours courant, sautant & furetant, elle avait quelquefois vu, cachée au fond du dressoir, sous des piles de serviettes, une sorte de boîte oblongue.

Gillette n'avait point manqué de demander ce qu'elle contenait : chaque fois il lui avait été répondu que cela ne regardait point les enfants. Sa curiosité n'en était que plus éveillée.

Un jour qu'on la laissa seule à la maison, elle trouva une petite clef. Elle courut tout de suite au dressoir, ouvrit la boîte, y vit un étui d'érable, & dans l'étui une grosse chandelle des Rois.

Cette chandelle devait être là depuis longtemps,

car la cire en était toute jaune. Gillette l'alluma. Soudain parut un personnage vêtu d'un manteau écarlate, avec une plume couleur de feu à son chapeau.

« Maman! cria l'enfant épouvantée.

— N'aie point peur. Je suis ton ami, lui dit l'étranger en adoucissant sa voix. Que veux-tu que ton bon ami te donne? Veux-tu des joujoux?

— Oui, des joujoux! » fit Gillette un peu rassurée.

Aussitôt l'inconnu tira de dessous son manteau des poupées de Nuremberg, des châlets suisses, des ballons, des cerceaux. Il y en avait tant que la chambre en était toute pleine.

« Oh! les beaux joujoux! s'écria Gillette en battant des mains.

— Quand tu en voudras d'autres, reprit l'homme au manteau rouge, tu n'auras qu'à allumer cette chandelle. » Et il disparut.

Gillette se mit à jouer avec ses poupées, & cependant la cire brûlait & se consumait.

Tout à coup sa mère rentra. Elle jeta un cri, courut à la lumière & l'éteignit.

« Malheureuse enfant! qui t'a conseillé d'allumer cette chandelle?

— Personne. »

Et Gillette raconta tout à sa mère.

« Celui que tu appelles ton bon ami, lui dit

Françoise, eft l'être qui te veut le plus de mal. Il ne cherche qu'à t'emmener en enfer, pour que tu y brûles éternellement avec lui. »

Elle prit tous les jouets & les jeta au feu, malgré les pleurs de Gillette. Ensuite elle cacha si bien la chandelle que l'enfant eut beau chercher, elle ne put jamais la découvrir.

Dix ans après Wilbaux mourut, &, l'année suivante, sa femme alla le rejoindre au cimetière.

Quand Françoise sentit approcher sa dernière heure, elle pria qu'on la laissât seule avec Gillette, &, d'une voix grave & solennelle, elle lui révéla le fatal secret.

« Désormais, ma pauvre fille, ajouta-t-elle, tu vas être seule maîtresse de ta deftinée. De quelque défir que tu en sois poussée, jure-moi de ne jamais allumer la chandelle maudite. »

Gillette pleura bien fort & jura d'obéir. Sa mère lui remit la petite clef & expira.

Son oncle d'Hendecourt vint demeurer avec elle & gouverna la ferme.

Lorsque sa douleur fut un peu calmée, elle songea à la chandelle des Rois : bientôt ce souvenir l'obséda. Non pas qu'elle voulût l'allumer, elle était seulement curieuse de la revoir.

Elle se rappelait, dans tous ses détails, la scène qui avait eu lieu dix ans auparavant : l'apparition de l'homme à la plume rouge & la chambre pleine de joujoux.

Un soir, en tremblant comme la feuille, elle prit la boîte, en tira l'étui, l'ouvrit & le referma sur-le-champ. Elle avait cru voir le diable en personne.

Le lendemain, elle recommença & s'enhardit : elle osa regarder la vieille cire jaune qui lui parut encore bien longue. Un tiers seulement en était usé.

A partir de ce moment, toutes les fois qu'elle était seule, elle tirait la chandelle de l'étui.

Enfin, n'y pouvant résister plus longtemps, elle l'alluma.

Belzébuth parut.

« Que voulez-vous, ma belle enfant? lui dit-il.
— Rien. Va-t'en! »

Elle souffla la chandelle & le diable disparut.

La pauvre mère pleura dans le ciel.

La ducasse de Lécluse arriva, & Gillette, son deuil étant fini, alla au bal. Elle était, sans contredit, la plus jolie de toutes les danseuses; mais la fille du mayeur avait une toilette fort riche, & il ne fut bruit dans tout le village que de la belle robe de la demoiselle du mayeur. Gillette en fut jalouse.

Le dimanche suivant — le dimanche du raccroc — la trouva debout avant l'aurore. Elle n'avait pu fermer l'œil de la nuit. Sa résolution était prise. Elle alluma la chandelle des Rois.

— Que souhaitez-vous, gentille demoiselle? dit Belzébuth se montrant aussitôt.

— Une robe plus belle que...

— Je comprends. La voici.

— Bien. Va-t'en. »

Elle éteignit la lumière & l'Esprit malin obéit.

C'eft à peine si la cire avait brûlé une seconde, & Gillette calcula qu'elle pourrait ainsi durer longtemps.

Sa robe était magnifique & lui seyait à ravir. Elle fit l'admiration du bal & celle qui la portait fut parfaitement heureuse; mais, en se déshabillant, elle sentit qu'une goutte d'eau lui avait tombé sur la main. C'était une larme de sa mère!

V

Un jour que Gillette jouait au volant devant la porte de la ferme, le fils du roi des Pays-Bas vint à passer avec sa suite.

Elle le trouva si beau & si bien fait, qu'elle fut prise d'un désir subit & irréfiftible de l'avoir pour époux. Elle courut à sa chandelle & l'alluma.

Belzébuth parut.

« Je veux le prince des Pays-Bas pour époux, dit Gillette.

— Vous l'aurez, ma belle princesse, fit Belzébuth en se frottant les mains. Mettez-vous à votre rouet. On attrape les merles en pipant & les maris en filant. »

Gillette éteignit la lumière & se mit à son rouet. Tout en filant elle chanta :

> Cours, mon fuseau, vers la coudrette,
> Va me querir mon fiancé !

Chose merveilleuse, le fuseau sauta soudain des mains de la fileuse & s'élança hors de la maison. Gillette le suivit des yeux, toute surprise. Il cabriolait à travers champs & laissait derrière lui un long fil d'or.

Lorsque la jeune fille l'eut perdu de vue, elle prit sa navette & commença de tisser en chantant :

> Sur son chemin, ô ma navette !
> Qu'un beau tapis lui soit tissé !

Aussitôt la navette de s'élancer à son tour & de tisser, à partir du seuil, un superbe tapis aux plus riches couleurs.

Gillette prit alors son aiguille & chanta :

> Il vient, il vient, mon aiguillette !
> Que tout ici soit tapissé !

L'aiguille s'échappa à son tour & courut par la chambre, habillant les chaises de velours grenat, la table d'un tapis rouge & les murs de tentures de damas.

Le dernier point était à peine piqué, que Gillette vit par la fenêtre les plumes blanches du chapeau du prince. Il passa sur le tapis, entra dans la chambre, alla droit à la jeune fille & lui dit :

« Voulez-vous être ma femme ?

— Je le veux bien, » répondit Gillette en baissant les yeux.

Elle fit un paquet de ses hardes les plus belles, y cacha l'étui qui contenait la chandelle des Rois, dit adieu à son oncle, & monta en croupe sur le cheval du prince qui l'emmena dans son palais.

Le monarque l'accueillit comme sa bru, &, quelques jours après, la noce eut lieu en grande pompe.

Quand la mère de Gillette vit de là-haut que sa fille était devenue princesse, elle fut prise d'une triſtesse profonde. Voici pourquoi :

Le jour de sa mort, en arrivant au ciel, Françoise avait rencontré, à la porte du paradis, la reine des Pays-Bas, qui était, comme elle, une femme selon le cœur de Dieu.

Saint Pierre parut avec ses clefs, &, après avoir regardé par le guichet, il ouvrit la porte, fit entrer la reine & dit à la fermière d'attendre quelques inſtants.

Aussitôt celle-ci ouït un grand bruit de cloches, puis le son des harpes & le chant des séraphins. Elle regarda par le guichet entr'ouvert & vit un superbe cortége venir au-devant de la reine.

La cérémonie faite, saint Pierre ouvrit à Françoise. Elle se figurait que la musique allait recommencer : il n'en fut rien.

Deux anges seulement se présentèrent & l'accueillirent cordialement, mais sans chanter. Françoise fut si étonnée que, malgré sa modeſtie, elle ne put s'empêcher de dire à saint Pierre :

« Saint Pierre, pourquoi donc la musique ne va-t-elle point pour moi aussi bien que pour la reine? J'avais toujours ouï dire qu'au paradis on était tous égaux.

— On l'eſt aussi, répliqua saint Pierre, et vous ne serez pas moins bien traitée que la reine; mais, voyez-vous, mon enfant, des gens comme vous, il en entre ici tous les jours, tandis que des grands de la terre il n'en vient mie un tous les cent ans. »

Voilà pourquoi la pauvre mère était si triſte. Dans sa désolation, elle alla trouver Dieu le Père & lui dit :

« Dieu le Père, alors que ma fille n'était qu'une simple paysanne, la malheureuse enfant n'a que trop cédé, hélas! aux tentations du Malin : aujourd'hui que la voilà princesse, la lutte devient tout à fait impossible. Par les sept douleurs de la Vierge, mère de ton fils, accorde-moi, Dieu le Père, d'aller à son secours!

— Va, pauvre mère, défendre ton enfant, répondit Dieu le Père. Mais, pour que l'ange des ténèbres ne crie point à l'injuftice, tu reparaîtras parmi les humains sous une autre forme. Ta fille ne te reconnaîtra point, & jamais, quoi qu'il arrive, tu ne lui révéleras que tu es sa mère. »

VI

Françoise, alors, se trouva tout à coup sur la terre, au bord d'un claire fontaine, en un lieu sauvage & inhabité. Elle se vit dans l'eau de la fontaine & ne se reconnut point.

Elle était admirablement belle & semblait rajeunie de quinze ans; mais cette métamorphose ne la toucha en rien. Elle ne songeait qu'à sa fille.

Elle voulut se mettre en route sur-le-champ pour la rejoindre; malheureusement elle ne savait de quel côté diriger ses pas.

La nuit vint. Une brillante figure parut dans

le ciel & la regarda avec ses grands yeux curieux. Françoise se souvint de la vieille chanson que, le soir, étant petite, elle chantait à la lune :

> Belle, belle, où allez-vous?

Et elle dit :
« O toi qui vois tout, les champs & les bois, le sommet de la montagne & le fond de la vallée, Belle, indique-moi la route des Pays-Bas.

— Je le veux bien, répondit la Belle, mais il faut que tu me chantes les chansons dormoires dont tu as bercé l'enfance de ta fille.

— Je chanterai tout ce que tu voudras, mais ne me retarde point, je t'en conjure.

— Chante! » dit la lune.

Et la pauvre mère se mit à chanter. Après la troisième chanson :

« Eſt-ce assez? demanda-t-elle.

— Encore! » répondit l'aſtre.

Et l'infortunée se remit à chanter en pleurant.

Quand elle eut dit trois autres chansons :

« Eſt-ce assez? demanda-t-elle de nouveau.

— Non! » répondit l'aſtre impitoyable.

Et l'infortunée recommença de chanter en sanglotant & en se tordant les mains.

L'aſtre eut enfin pitié & lui dit :

« Suis-moi; &, quand tu ne me verras plus, va toujours tout droit. »

Et Françoise marcha nuit & jour.

Elle entra bientôt dans une contrée âpre & désolée où régnait l'hiver. Elle traversa une sombre forêt de sapins & arriva à un carrefour. La pauvre femme ne savait quelle route prendre.

« Oh! qui m'indiquera la route des Pays-Bas? dit-elle tout haut avec angoisse.

— Réchauffe-moi sur ton cœur, & je te l'indiquerai, » répondit près d'elle un buisson épineux dont les branches étaient couvertes d'une couche de neige glacée.

Et la mère serra le buisson sur son cœur pour le réchauffer. Les épines perçaient sa chair, & son sang coulait à grosses gouttes.

Alors, ô merveille! le buisson reverdit, &, à travers les feuilles, apparurent de jolies fleurs blanches. Tant eſt forte la chaleur qui vient du cœur d'une mère!

Et le buisson, pour sa peine, lui indiqua le chemin des Pays-Bas.

Elle parvint au bord de la mer; & comme il n'y avait ni vaisseaux ni barques, & qu'il fallait qu'elle rejoignît son enfant, elle se coucha sur e rivage, pour épuiser la mer en la buvant.

« Tu n'en viendras jamais à bout, lui dit l'Océan; mais j'adore les perles, & je n'en connais point de plus précieuses que les larmes d'une mère. Si tu veux me donner tous les pleurs de tes yeux, je te porterai jusqu'au royaume des Pays-Bas. »

La malheureuse femme n'avait que trop envie de pleurer, en songeant qu'elle n'arriverait jamais à temps.

Elle s'assit sur le rivage, & ses larmes coulèrent silencieusement dans les flots, où elles se changèrent en perles du plus grand prix.

Elle pleura tant que ses yeux s'éteignirent & qu'elle devint aveugle. Alors l'Océan la souleva comme si elle eût été dans une barque & la porta au rivage opposé, dans le royaume des Pays-Bas.

La pauvre aveugle s'en fut à tâtons par la campagne, — bien trifte, mais non désespérée.

« Où allez-vous ainsi, seule & sans y voir ? lui dit une vieille femme.

— Je vais chez la princesse des Pays-Bas, répondit Françoise.

— Quelle princesse ?

— La princesse Gillette.

— Vous voulez dire la reine. Le roi eft trépassé depuis trois jours, & son fils lui a succédé sur le trône.

— Seigneur ! Seigneur ! fais que j'arrive bientôt, murmura Françoise, car le danger croît d'heure en heure. »

Puis s'adressant à la vieille :

« Conduisez-moi chez la reine, je vous en prie.

— Et que me donnerez-vous pour la peine ?

— Hélas ! il ne me refte rien à donner ; mais, si vous le désirez, j'irai pour vous, pieds nus, en pèlerinage à Notre-Dame de Bon-Secours.

— Non. Donnez-moi plutôt votre longue chevelure noire. Je vous céderai à la place la mienne, qui eft blanche.

— N'eft-ce que cela ? Prenez, prenez ! » dit la mère.

Elle changea ses beaux cheveux contre ceux de la vieille, & celle-ci la conduisit à la porte du palais.

Les deux femmes étaient à peine arrivées, qu'elles entendirent le roulement d'un carrosse.

« Voici la reine ! dit Françoise à sa compagne.

— Comment le savez-vous, si vous n'y voyez point ?

— Je le sens là ! » répondit-elle en mettant la main sur son cœur. Puis elle murmura : « Vierge Marie, mère de Dieu, fais que je la voie ! »

Et sa prière était si ardente, que ses prunelles éteintes brillèrent tout à coup d'un éclat extraordinaire.

Elle avait recouvré la vue.

Elle faillit s'élancer vers la reine en criant : « Ma fille ! » Mais elle se contint.

Cependant Gillette descendit de carrosse avec le roi. Elle était bien changée, &, à la voir si maigre & si pâle, sa mère ne put retenir ses larmes.

En apercevant ces deux femmes, dont l'une était vieille & avait le front orné de magnifiques cheveux noirs, & l'autre, jeune & belle, avait les cheveux tout blancs, la reine demanda ce qu'elles voulaient.

La vieille, alors, raconta ce qui venait de se passer.

Pendant son récit, de grosses larmes coulaient le long des joues de Françoise.

« Puisque vous aimez tant à me voir, vous plaît-il d'entrer à mon service, ma bonne femme ? lui dit Gillette.

— Oh! oui, madame, répondit Françoise.

— Eh bien! revenez demain, on trouvera à vous occuper. »

Françoise revint le lendemain; & comme ses habits, usés par le voyage, n'étaient plus que des haillons, on l'engagea en qualité de laveuse de vaisselle.

VII

Gillette était reine, & elle n'était point heureuse. Son époux lui avait d'abord témoigné beaucoup d'amour, mais il s'était marié sous l'impression d'un charme, &, par l'influence de Belzébuth, le charme perdait chaque jour de sa vertu.

La chandelle aussi se raccourcissait petit à petit.

Quand la reine souffrait trop de la froideur de son époux, elle appelait Belzébuth à son aide. Il avait soin maintenant de se faire attendre, afin que la cire se consumât plus vite.

Un jour, que la chandelle brûlait en vain depuis plus d'une minute, le roi survint tout à coup.

Gillette la souffla, mais le prince, qui soupçonnait quelque myftère, la pressa tellement de questions, qu'elle laissa échapper le fatal secret.

Il voulut naturellement s'en servir à son profit. L'ambition s'alluma dans son cœur, & il désira d'être le plus puissant monarque de l'univers.

Il entreprit contre ses voisins des guerres injuftes, & contraignit sa femme de demander la victoire à Belzébuth.

La chandelle maudite était aux trois quarts usée

quand Gillette, minée par le chagrin, tomba gravement malade.

Dans les cuisines du palais, Françoise n'ignorait rien de ce qui se passait. La malheureuse mère était folle de douleur.

« Oh! si on me permettait de soigner la reine, répétait-elle sans cesse, je jure que je la sauverais! »

Cependant la malade eut une crise si violente, qu'on crut qu'elle n'en reviendrait point. Tout le monde pleurait, car la reine était aimée, & durant une heure, le palais fut dans le plus grand désordre.

Françoise en profita pour se glisser dans la chambre de Gillette. Elle se pencha sur elle & lui dit doucement à l'oreille :

« Oh! reviens, reviens, pauvre enfant! »

A ces mots, Gillette se ranima. Une légère rougeur colora son visage; elle ouvrit les paupières & sourit à cette jeune femme en cheveux blancs dont la voix lui rappelait celle de sa mère.

Gillette était sauvée. Dès lors Françoise ne quitta plus la reine, qui l'aima bientôt au point de lui révéler le terrible secret de la chandelle des Rois.

« Confiez-la moi, lui dit-elle. Je vous promets que, moi vivante, personne ne l'allumera. »

Mais le prince l'avait mise sous clef. Il ne parlait plus, du reste, d'y avoir recours, et c'eft pourquoi Gillette se rétablissait à vue d'œil.

VIII

Par malheur, il arriva que tous les souverains de l'Europe se liguèrent contre lui, vainquirent ses troupes en plusieurs rencontres, & s'avancèrent à marches forcées pour mettre le siége devant la ville capitale du royaume.

Dans un péril aussi pressant, le prince s'enferma avec sa femme, &, malgré ses supplications, la força d'allumer la chandelle maudite.

Françoise était aux aguets. Elle cherchait un moyen de pénétrer dans la chambre. L'idée lui vint de mettre le feu aux rideaux de la pièce voisine; elle sortit ensuite en criant : « Au feu ! au feu ! »

Le roi accourut. Françoise se précipita dans la chambre, saisit la chandelle, l'éteignit, s'enfuit hors du palais & gagna la forêt.

On s'aperçut bientôt de la ruse, & le prince, furieux, envoya ses gens d'armes qui battirent le bois & traquèrent la fugitive comme une bête fauve. On la découvrit dans une caverne où elle s'était blottie.

Elle se laissa prendre sans résiſtance; mais,

quand on lui demanda ce qu'était devenue la chandelle des Rois, elle refusa de répondre. On la fouilla inutilement, & c'eft en vain qu'on chercha par toute la forêt.

On lui fit son procès, & elle fut condamnée comme sorcière à être brûlée vive. Gillette essaya d'intercéder pour son amie. Loin de se rendre à ses prières, son mari voulut qu'elle assiftât en personne à l'exécution.

Cependant, le bruit s'était répandu qu'on allait brûler une sorcière. Le peuple se porta en foule hors de la ville, à l'endroit où était dressé le bûcher, & la malheureuse y monta au milieu des cris de rage & des imprécations.

On y mit le feu.

Quelques-uns assurent qu'on vit alors une blanche figure quitter le bûcher & s'élever dans les airs en semant des fleurs sur les bourreaux ; mais la vérité eft que soudain le ciel, où le soleil brillait sans nuage, se fondit en eau, comme s'il pleurait sur l'innocente victime.

L'eau éteignit le bûcher, & il fut impossible de le rallumer.

« Il faut la lapider! cria le peuple.

— Faites! » dit le roi.

Et, lui-même, il jeta la première pierre.

Il exigea que la reine suivît son exemple. Gillette s'y refusa. Le roi, outré de colère, lui saisit le poignet, &, de son gant de fer, le lui serra avec violence.

La présence de sa fille fortifiait l'âme de Françoise. Debout sur le bûcher, le visage rayonnant, elle la regardait avec une tendresse ineffable.

Tout à coup elle vit qu'on lui mettait une pierre dans la main. La pauvre mère sentit son cœur se briser.

« Oh! non! Pas cela! Seigneur! » s'écria-t-elle avec un geste de douleur suprême.

Gillette aperçut ce mouvement, &, bien que le prince lui broyât la main de son gantelet, elle laissa tomber la pierre.

Une heure après, le corps de Françoise avait disparu sous un énorme monceau de pierres, & la foule s'écoulait silencieuse.

Rentré au palais, le roi fit apporter les vêtements de paysanne sous lesquels Gillette était venue à la cour, & lui dit :

« Remettez ces habits, & retournez dans votre village, je vous répudie. »

Gillette partit le soir même. Elle avait tant souffert sur le trône qu'elle en descendait sans regrets.

Avant de prendre la route de Lécluse, elle voulut faire une pieuse visite au monceau de pierres. Arrivée là, elle désira revoir son amie, & elle enleva les pierres une à une.

Quand apparut le pauvre corps tout meurtri, elle se pencha dessus en pleurant, le serra dans ses bras & le couvrit de baisers.

Tout à coup, ô bonheur! le cadavre sembla se ranimer. La mère revenait à la vie sous les caresses de son enfant.

Françoise ouvrit les yeux. Elle se trouvait guérie comme par enchantement.

« Fuyons vite! dit Gillette.

— Suis-moi d'abord! » répondit Françoise.

Et elle la conduisit dans la forêt. Elle creusa au pied d'un arbre & déterra la chandelle des Rois.

« Maintenant que tu n'es plus reine, sauras-tu la garder intacte? dit Françoise.

— Oh! oui. Je le jure! »

La mère alors pressa sa fille une dernière fois sur son cœur & disparut.

IX

Gillette retourna au village de Lécluse. C'eſt en vain que Belzébuth essaya encore de la tenter; elle reſta insensible à toutes les séductions, & n'alluma plus jamais la chandelle des Rois.

Elle vécut ainsi dix ans, après quoi Dieu la rappela à lui.

Elle fut atteinte d'une singulière maladie. Elle s'éteignait lentement, comme une lampe.

Son oncle appela les premiers médecins du pays. Ils ne purent rien comprendre à son mal.

Cependant on apprit qu'il venait d'arriver à Lille un docteur étranger qui opérait des miracles. L'oncle de Gillette courut le chercher & le ramena le soir même.

Le docteur avait, comme tous ses confrères, une longue robe & une vaste perruque, mais on remarquait sous ses lunettes d'or que ses yeux étaient aussi noirs que le noir mantelet des corneilles. Il s'approcha de la malade.

« Elle est bien bas ! dit-il. Je ne saurais la guérir si on ne me laisse seul avec elle. »

On s'empressa de le satisfaire.

Il prit une petite clef pendue au cou de Gillette, ouvrit une armoire, y trouva une cassette, en tira un étui, & de l'étui un bout de chandelle, la chandelle des Rois.

Il mit ensuite une buhotte allumée dans la main de la malade & lui ordonna de l'approcher de la chandelle. Gillette obéit les yeux fermés & sans avoir conscience de ce qu'elle faisait.

Une dernière pensée vacillait dans sa tête comme une faible lueur : le désir de vivre.

Par la vertu de la chandelle ce désir se réalisa.

Elle ouvrit les yeux, vit à son chevet la figure haineuse de Belzébuth & les referma sur-le-champ. Elle les rouvrit & les promena avec terreur de Belzébuth à la chandelle.

Belzébuth ricanait & la chandelle se consumait.

Gillette voulut parler, sa langue était glacée; & pourtant elle sentait ses forces lui revenir. Enfin, ce cri sortit du fond de ses entrailles :

« Ma mère !

— Tais-toi ! » fit Belzébuth.

Et de sa main il lui ferma la bouche.

Mais Gillette se dressa sur son séant, écarta la main du démon, & s'écria une seconde fois :

« Ma mère !

— Te tairas-tu, misérable ! hurla l'Esprit malin.

— A moi, ma mère ! » cria Gillette, & cette fois si fort, que tout le monde accourut.

La chandelle, près de s'éteindre, jetait de plus vives clartés.

Soudain on entendit trois coups violents frappés à la porte du rez-de-chaussée.

« N'ouvrez point ! » cria le médecin.

Mais la porte s'ouvrit.

Quelqu'un monta rapidement l'escalier, puis trois nouveaux coups furent frappés à la porte de la chambre.

« Par la mort ! n'ouvrez point ! » cria encore le docteur.

Mais la porte s'ouvrit.

Alors entra, pâle & vêtue de blanc, une femme jeune & merveilleusement belle sous sa chevelure argentée.

Elle se dirigea droit vers le lit de Gillette & lui dit :

« Veux-tu venir au ciel auprès de ta mère ?

— Oh ! oui ! » dit Gillette.

Et elle expira.

Comme la chandelle brûlait encore & que Gillette était en état de grâce, le dernier vœu de la morte s'accomplit.

La femme pâle se pencha sur elle, la prit dans ses bras & ouvrit la fenêtre, sans que Belzébuth cherchât à s'y opposer.

« Oh ! la femme ! dit-il en se tordant les mains, la femme maudite, qui m'a vaincu encore une fois ! »

Françoise se retourna :

« Non point la femme !... répondit-elle, la mère ! »

La chandelle des Rois s'éteignit, entièrement consumée, & la mère & la fille montèrent radieuses vers les étoiles.

Le Poirier de Misère

I

u temps jadis, il y avait au village de Vicq, sur les bords de l'Escaut, une bonne femme nommée Misère qui allait quémander de porte en porte, & qui paraissait aussi vieille que le péché originel.

En ce temps-là, le village de Vicq ne valait guère mieux qu'un hameau : il croupissait au bord d'un marécage, & on n'y voyait que quelques maigres censes couvertes en joncs.

Misère habitait à l'écart une pauvre cassine en pisé, où elle n'avait pour toute société qu'un chien qui s'appelait Faro, & pour tout bien qu'un bâton & une besace que trop souvent elle rapportait aux trois quarts vide.

La vérité eſt de dire cependant qu'elle possédait encore dans un petit closeau, derrière sa hutte, un arbre, un seul. Cet arbre était un poirier si beau qu'on ne vit jamais rien de tel depuis le fameux pommier du paradis terreſtre.

Le seul plaisir que Misère goûtât en ce monde était de manger des fruits de son jardin, c'eſt-à-dire de son poirier; malheureusement, les garçonnets du village venaient marauder dans son clos.

Tous les jours que Dieu fait, Misère allait quêter avec Faro; mais à l'automne Faro reſtait à la maison pour garder les poires, & c'était un crève-cœur pour tous les deux, car la pauvre femme & le pauvre chien s'aimaient de grande amitié.

II

Or, il vint un hiver où, deux mois durant, il gela à pierres fendre. Il chut ensuite tant de neige que les loups quittèrent les bois & entrèrent dans les maisons. Ce fut une terrible désolation dans le pays, & Misère & Faro en souffrirent plus que les autres.

Un soir que le vent hurbêlait & que la neige tourbillonnait, les malheureux se réchauffaient l'un contre l'autre près de l'âtre éteint, quand on frappa à la porte.

Chaque fois que quelqu'un s'approchait de la chaumine, Faro aboyait avec colère, croyant que c'étaient les petits maraudeurs. Ce soir-là, au contraire, il se mit à japper doucement & à remuer la queue en signe de joie.

« Pour l'amour de Dieu ! fit une voix plaintive, ouvrez à un pauvre homme qui meurt de froid & de faim.

— Haussez le loquet ! cria Misère. Il ne sera point dit que, par un temps pareil, j'aurai laissé dehors une créature du bon Dieu. »

L'étranger entra : il paraissait encore plus vieux & plus misérable que Misère, & n'avait pour se couvrir qu'un sarrau bleu en haillons.

« Asseyez-vous, mon brave homme, dit Misère. Vous êtes bien mal tombé, mais j'ai encore de quoi vous réchauffer. »

Elle mit au feu sa dernière bûche & donna au vieillard trois morceaux de pain & une poire, qui lui restaient. Bientôt le feu flamba & le vieillard mangea de grand appétit : or, pendant qu'il mangeait, Faro lui léchait les pieds.

Quand son hôte eut fini, Misère l'enveloppa dans sa vieille couverture de futaine, & le força de se coucher sur sa paillasse, tandis qu'elle-même s'arrangeait pour dormir la tête appuyée sur son escabeau.

Le lendemain, Misère s'éveilla la première :

« Je n'ai plus rien, se dit-elle, & mon hôte va jeûner. Voyons s'il n'y a pas moyen d'aller quêter dans le village. »

Elle mit le nez à la porte : la neige avait cessé de choir & il faisait un clair soleil de printemps. Elle se retourna pour prendre son bâton & vit l'étranger debout & prêt à partir.

« Quoi ! vous partez déjà ? dit-elle.

— Ma mission eſt remplie, répondit l'inconnu, & il faut que j'aille en rendre compte à mon maître. Je ne suis point ce que je parais : je suis saint Wanon, patron de la paroisse de Condé, & j'ai été envoyé par Dieu le Père pour voir comment mes fidèles pratiquent la charité, qui eſt la première des vertus chrétiennes. J'ai frappé à l'huis du bourgmeſtre & des bourgeois de Condé, j'ai frappé à l'huis du seigneur & des censiers de Vicq; le bourgmeſtre & les bourgeois de Condé, le seigneur & les censiers de Vicq m'ont laissé grelotter à leur porte. Toi seule as eu pitié de mon malheur, & tu étais aussi malheureuse que moi. Dieu va te le rendre : fais un vœu, il s'accomplira. »

Misère se signa & tomba à genoux :

« Grand saint Wanon, dit-elle, je ne m'étonne plus que Faro vous ait léché les pieds, mais ce n'eſt point par intérêt que je fais la charité. D'ailleurs, je n'ai besoin de rien.

— Tu es trop dénuée de toutes choses, dit saint Wanon, pour n'avoir point de désirs. Parle, que veux-tu ? »

Misère se taisait :

« Veux-tu une belle cense avec du blé plein le grenier, du bois plein le bûcher & du pain plein la huche ? Veux-tu des trésors, veux-tu des honneurs ? Veux-tu être duchesse, veux-tu être reine de France ? »

Misère secoua la tête.

« Un saint qui se respecte ne doit pas être en reſte avec une pauvresse, reprit saint Wanon d'un air piqué. Parle, ou je croirai que tu me refuses par orgueil.

— Puisque vous l'exigez, grand saint Wanon, répondit Misère, j'obéirai. J'ai là, dans mon jardin, un poirier qui me donne de fort belles poires ; par malheur, les jeunes gars du village viennent me les voler, & je suis forcée de laisser le pauvre Faro à la maison pour monter la garde. Faites que quiconque grimpera sur mon poirier n'en puisse descendre sans ma permission.

— Amen ! » dit saint Wanon en souriant de sa

naïveté, &, après lui avoir donné sa bénédiction, il se remit en route.

III

La bénédiction de saint Wanon porta bonheur à Misère, & dès lors elle ne rentra plus jamais la mallette vide à la maison. Le printemps succéda à l'hiver, l'été au printemps & l'automne à l'été. Les garçonnets, voyant Misère sortir avec Faro, grimpèrent sur le poirier & remplirent leurs poches; mais au moment de descendre, ils furent bien attrapés.

Misère, au retour, les trouva perchés sur l'arbre, les y laissa longtemps & lâcha Faro à leurs trousses quand elle voulut bien les délivrer. Ils n'osèrent plus revenir, les Vicquelots eux-mêmes évitèrent de passer près de l'arbre ensorcelé, & Misère & Faro vécurent aussi heureux qu'on peut l'être en ce monde.

Vers la fin de l'automne, Misère se réchauffait un jour au soleil dans son jardin, quand elle entendit une voix qui criait: « Misère! Misère! Misère! » Cette voix était si lamentable que la bonne femme se prit à trembler de tous ses membres, & que Faro hurla comme s'il y avait eu un trépassé dans la maison.

Elle se retourna & vit un homme long, maigre, jaune & vieux, vieux comme un patriarche. Cet homme portait une faux aussi longue qu'une perche à houblon. Misère reconnut la Mort.

« Que voulez-vous, l'homme de Dieu, dit-elle d'une voix altérée, & que venez-vous faire avec cette faux?

— Je viens faire ma besogne. Allons, ma bonne Misère, ton heure a sonné, il faut me suivre.

— Déjà !

— Déjà ? Mais tu devrais me remercier, toi qui es si pauvre, si vieille & si caduque.

— Pas si pauvre ni si vieille que vous le croyez, notre maître. J'ai du pain dans la huche & du bois au bûcher ; je n'aurai que quatre-vingt-quinze ans vienne la Chandeleur ; &, quant à être caduque, je suis aussi droite que vous sur mes jambes, soit dit sans affront.

— Va ! tu seras bien mieux en paradis.

— On sait ce qu'on perd, on ne sait pas ce qu'on gagne au change, dit philosophiquement Misère. D'ailleurs, cela ferait trop de peine à Faro.

— Faro te suivra. Voyons, décide-toi. »

Misère soupira.

« Accordez-moi du moins quelques minutes,

que je m'attife un peu : je ne voudrais point faire honte aux gens de là-bas. »

La Mort y consentit.

Misère mit sa belle robe d'indienne à fleurs qu'elle avait depuis plus de trente ans, son blanc bonnet & son vieux mantelet de Silésie, tout usé, mais sans trou ni tache, qu'elle ne revêtait qu'aux fêtes carillonnées.

Tout en s'habillant, elle jeta un dernier coup d'œil sur sa chaumière & avisa le poirier. Une idée singulière lui passa par la tête, & elle ne put s'empêcher de sourire.

« Pendant que je m'apprête, voudriez-vous me rendre un service, l'homme de Dieu ? dit-elle à la Mort. Ce serait de monter sur mon poirier & de me cueillir les trois poires qui reſtent. Je les mangerai en route.

— Soit ! » dit la Mort, & il monta sur le poirier.

Il cueillit les trois poires & voulut descendre, mais, à sa grande surprise, il ne put en venir à bout.

« Hé ! Misère ! cria-t-il, aide-moi donc à descendre. Je crois que ce maudit poirier eſt ensorcelé. »

Misère vint sur le pas de la porte. La Mort faisait des efforts surhumains avec ses longs bras & ses longues jambes, mais au fur & à mesure qu'il se détachait de l'arbre, l'arbre, comme s'il eût été vivant, le reprenait & l'embrassait avec ses branches. C'était un spectacle si bouffon, que Misère partit d'un grand éclat de rire.

« Ma foi ! dit-elle, je ne suis point pressée d'aller en paradis. Tu es bien là, mon bonhomme. Restes-y. Le genre humain va me devoir une belle chandelle. »

Et Misère ferma sa porte, & laissa la Mort perché sur son poirier.

IV

Au bout d'un mois, comme la Mort ne faisait plus son service, on fut tout étonné de voir qu'il n'y avait eu aucun décès à Vicq, à Fresnes & à Condé. L'étonnement redoubla à la fin du mois suivant, surtout quand on apprit qu'il en était de même à Valenciennes, à Douai, à Lille & dans toute la Flandre.

On n'avait jamais ouï parler de pareille chose, &, lorsque vint la nouvelle année, on connut par l'almanach qu'il en était arrivé autant en France, en Belgique, en Hollande, ainsi que chez les Autrichiens, les Suédois & les Russiens.

L'année passa, & il fut établi que depuis quinze

mois il n'y avait point eu dans le monde entier un seul cas de mort. Tous les malades avaient guéri sans que les médecins sussent comment ni pourquoi : ce qui ne les avait point empêchés de se faire honneur de toutes les cures.

Cette année s'écoula comme la précédente, sans décès, &, quand vint la Saint-Sylveſtre, d'un bout de la terre à l'autre les hommes s'embrassèrent & se félicitèrent d'être devenus immortels.

On fit des réjouissances publiques, & il y eut en Flandre une fête comme on n'en avait point vu depuis que le monde eſt monde.

Les bons Flamands n'ayant plus peur de mourir d'indigeſtion, ni de goutte, ni d'apoplexie, burent & mangèrent tout leur soûl. On calcula qu'en trois jours chaque homme avait mangé une boisselée de grain, sans compter la viande & les légumes, & bu un brassin de bière, sans compter le genièvre & le brandevin.

J'avoue pour ma part que j'ai peine à le croire, mais toujours eſt-il que jamais le monde ne fut si heureux, & personne ne soupçonnait Misère d'être la cause de cette félicité universelle : Misère ne s'en vantait point, par modeſtie.

Tout alla bien durant dix, vingt, trente ans; mais, au bout de trente ans, il ne fut point rare de voir des vieillards de cent dix & cent vingt ans, ce qui eſt d'ordinaire l'âge de la dernière décrépitude. Or ceux-ci, accablés d'infirmités, la mémoire usée, aveugles & sourds, privés de goût, de tact & d'odorat, devenus insensibles à toute jouissance, commençaient à trouver que l'immortalité n'est point un si grand bienfait qu'on le croyait d'abord.

On les voyait se traîner au soleil, courbés sur leurs bâtons, le front chenu, le chef branlant, les yeux éteints, toussant, crachant, décharnés, rabougris, ratatinés, semblables à d'énormes limaces. Les femmes étaient encore plus horribles que les hommes.

Les vieillards les plus débiles restaient dans leurs lits, & il n'y avait point de maison où l'on ne trouvât cinq ou six lits où geignaient les aïeuls, au grand ennui de leurs arrière-petits-fils & fils de leurs arrière-petits-fils.

On fut même obligé de les rassembler dans d'immenses hospices où chaque nouvelle génération était occupée à soigner les précédentes, qui ne pouvaient guérir de la vie.

En outre, comme il ne se faisait plus de testaments, il n'y avait plus d'héritages, & les générations nouvelles ne possédaient rien en propre : tous les biens appartenaient de droit aux bisaïeuls & aux trisaïeuls, qui ne pouvaient en jouir.

Sous des rois invalides, les gouvernements s'affaiblirent, les lois se relâchèrent; & bientôt les immortels, certains de ne point aller en enfer, s'abandonnèrent à tous les crimes : ils pillaient, volaient, violaient, incendiaient, mais, hélas! ils ne pouvaient assassiner.

Dans chaque royaume le cri de : « Vive le roi! » devint un cri séditieux & fut défendu sous les peines les plus sévères, à l'exception de la peine de mort.

Ce n'eſt point tout : comme les animaux ne mouraient pas plus que les hommes, bientôt la terre regorgea tellement d'habitants, qu'elle ne put les nourrir ; il vint une horrible famine, & les hommes, errant demi-nus par les campagnes, faute d'un toit pour abriter leur tête, souffrirent cruellement de la faim, sans pouvoir en mourir.

Si Misère avait connu cet effroyable désaſtre, elle n'eût point voulu le prolonger, même au prix de la vie ; mais habitués de longue date aux privations & aux infirmités, elle & Faro en pâtissaient moins que les autres : puis ils étaient devenus quasi sourds & aveugles, & Misère ne se rendait pas bien compte de ce qui se passait autour d'elle.

Alors les hommes mirent autant d'ardeur à chercher le trépas qu'ils en avaient mis jadis à le fuir. On eut recours aux poisons les plus subtils & aux engins les plus meurtriers ; mais engins & poisons ne firent qu'endommager le corps sans le détruire.

On décréta des guerres formidables : d'un commun accord, pour se rendre le service de s'anéantir mutuellement, les nations se ruèrent les unes sur les autres; mais on se fit un mal affreux sans parvenir à tuer un seul homme.

On rassembla un congrès de la mort : les médecins y vinrent des cinq parties du monde; il en vint des blancs, des jaunes, des noirs, des cuivrés, & ils cherchèrent tous ensemble un remède contre la vie, sans pouvoir le trouver.

On proposa dix millions de francs de récompense pour quiconque le découvrirait : tous les docteurs écrivirent des brochures sur la vie, comme ils en avaient écrit sur le choléra, & ils ne guérirent pas plus cette maladie que l'autre.

C'était une calamité plus épouvantable que le déluge, car elle sévissait plus longuement & on ne prévoyait point qu'elle dût avoir une fin.

V

Or, à cette époque, il y avait à Condé un médecin fort savant, qui parlait presque toujours en latin & qu'on appelait le docteur *De Profundis*. C'était un très-honnête homme qui avait expédié beaucoup de monde au bon temps, & qui était désolé de ne pouvoir plus guérir personne.

Un soir qu'il revenait de dîner chez le mayeur de Vicq, comme il avait trop bu d'un coup, il s'égara dans le marais. Le hasard le conduisit près du jardin de Misère & il entendit une voix plaintive qui disait : « Oh ! qui me délivrera & qui délivrera la terre de l'immortalité, cent fois pire que la pefte ! »

Le savant docteur leva les yeux & sa joie n'eut d'égale que sa surprise : il avait reconnu la Mort.

« Comment ! c'eft vous, mon vieil ami, lui dit-il, *quid agis in hac pyro* perché ?

— Rien du tout, docteur *De Profundis*, & c'eft ce qui m'afflige, répondit la Mort ; donnez-moi donc la main que je descende. »

Le bon docteur lui tendit la main, & la Mort fit un tel effort pour se détacher de l'arbre, qu'il enleva le docteur de terre. Le poirier saisit aussitôt celui-ci & l'enlaça de ses branches. *De Profundis* eut beau se débattre, il dut tenir compagnie à la Mort.

On fut fort étonné de ne point le voir le lendemain & le surlendemain. Comme il ne donnait pas signe de vie, on le fit afficher & mettre dans la gazette, mais ce fut peine perdue.

De Profundis était le premier homme qui eût disparu de Condé depuis de longues années.

Avait-il donc trouvé le secret de mourir, et lui, jadis si généreux, se l'était-il réservé pour lui seul?

Tous les Condéens sortirent de la ville pour se mettre à sa recherche : ils fouillèrent si bien la campagne en tous sens qu'ils arrivèrent au jardin de Misère. A leur approche, le docteur agita son mouchoir en signe de détresse.

« Par ici! leur cria-t-il, par ici, mes amis : le voici, voici la Mort! Je l'avais bien dit dans ma brochure, qu'on le retrouverait dans le marais de Vicq, le vrai berceau du choléra. Je le tiens enfin, mais *non possumus descendere* de ce maudit poirier.

— Vive la Mort! » firent en chœur les Condéens, & ils s'approchèrent sans défiance.

Les premiers arrivés tendirent la main à la Mort & au docteur, mais, ainsi que le docteur, ils furent enlevés de terre & saisis par les branches de l'arbre.

Bientôt le poirier fut tout couvert d'hommes. Chose extraordinaire! il grandissait au fur & à mesure qu'il agrippait les gens. Ceux qui vinrent ensuite prirent les autres par les pieds, d'autres se suspendirent à ceux-ci, & tous ensemble formèrent les anneaux de plusieurs chaînes d'hommes qui s'étendaient à la diſtance d'une portée de crosse. Mais c'eſt en vain que les derniers, reſtés à terre, saquaient de toutes leurs forces, ils ne pouvaient arracher leurs amis du maudit arbre.

L'idée leur vint alors d'abattre le poirier: ils allèrent quérir des haches & commencèrent à le frapper tous ensemble; hélas! on ne voyait seulement pas la marque des coups.

Ils se regardaient tout penauds, & ne sachant plus à quel saint se vouer, quand Misère vint au bruit & en demanda la cause. On lui expliqua ce qui se passait depuis si longtemps, & elle comprit le mal qu'elle avait fait sans le vouloir.

« Moi seule puis délivrer la Mort, dit-elle, & j'y consens, mais à une condition, c'eſt que la Mort ne viendra nous chercher, Faro & moi, que quand je l'aurai appelé trois fois.

— Tope, dit la Mort, j'obtiendrai de saint Wanon qu'il arrange l'affaire avec le bon Dieu.

— Descendez, je vous le permets! » cria Misère; & la Mort, le doƈteur & les autres tombèrent du poirier comme des poires trop mûres.

La Mort se mit à sa besogne sans désemparer, & expédia les plus pressés; mais chacun voulait passer le premier. Le brave homme vit qu'il aurait trop à faire. Il leva pour l'aider une armée de médecins & en nomma général en chef le doƈteur *De Profundis*.

Quelques jours suffirent à la Mort & au doƈteur pour débarrasser la terre de l'excès des vivants, & tout rentra dans l'ordre. Tous les hommes âgés de plus de cent ans eurent droit de mourir & moururent, à l'exception de Misère qui se tint coite, & qui depuis n'a point encore appelé trois fois la Mort.

Voilà pourquoi, dit-on, Misère eſt toujours dans le monde.

Les Trente-Six Rencontres de Jean du Gogué

I

u temps jadis, il y avait au village de Saint-Saulve, du côté de Valenciennes, un petit vacher qu'on nommait Jean du Gogué, à cause qu'on ne lui connaissait ni père ni mère, & qu'on l'avait trouvé, un beau matin, sous un gogué, qui eft chez nous la même chose qu'un noyer. On l'appelait aussi le Ninoche, de ce qu'il était simple d'esprit & innocent comme un veau qui tette encore.

Jean du Gogué qui, de sa vie vivante, ne s'était garni la panse que de pétotes, autrement dit de pommes de terre, n'avait qu'un désir au monde : c'était de manger de l'oie.

Or, il exiſte, à quatre lieues de là, en tirant devers Condé, un village où l'on voit de si magnifiques troupeaux d'oies, qu'il n'eſt bruit, dans tout le pays, que des ôsons d'Hergnies.

« Quand je serai grand, disait le Ninoche, j'irai à Hergnies & je mangerai de l'ôson. »

De fait, un soir d'automne, il planta là ses vaches & partit sans tambour ni trompette.

S'il revint comme il était parti, & jusqu'où l'amour de la volaille peut conduire une cervelle de ninoche, c'eſt ce que nous saurons par la suite.

Il marchait un peu à l'aventure, en demandant son chemin. A nuit close, il arriva à Eſcaupont, & entra dans la cense du Vivier, qui tient, comme chacun sait, au bois de Raismes.

« Vous ne pourriez point m'indiquer le chemin d'Hergnies, femme de Dieu ? dit-il à la fermière, qui était en train de souper.

— Si fait, fieu ; mais vous voilà en route sur le tard. C'eſt donc une affaire bien pressée ?

— Oh ! femme, je crois bien ! Il y a plus de dix ans que j'ai envie de manger de l'ôson, & vous comprenez... »

La censière, étonnée, le toisa de la tête aux pieds.

« Comment t'appelles-tu ?

— Le Ninoche.

— Si je comprends ? Oh! oui, je comprends! reprit-elle en lui éclatant de rire au nez. Écoute, fieu de Dieu. Tu es grand & fort, & tu m'as tout l'air d'un cœur honnête. Jacques, notre varlet, vient de nous quitter pour le service du roi. Veux-tu le remplacer?

— Eſt-ce que vous me ferez manger de l'ôson?

— Pas plus tard que dimanche. J'ai juſtement besoin d'envoyer quelqu'un à Hergnies, chez le cousin Berlutiau. Tu partiras demain, à la piquette du jour, & tu me rapporteras une oie grasse. Nous nous en régalerons en revenant de Saint-Calixte, où la Grise nous mènera voir la procession des Réjouis. Cela te va-t-il?

— Ça me va, femme de Dieu.

— En ce cas, mets-toi à table. »

Et Jean, dont la promenade avait aiguisé l'appétit, se donna à peine le temps de dire son bénédicité, & entra tout de suite en fonctions.

II

Le lendemain, qui était un samedi, la censière alla réveiller le Ninoche à l'écurie.

« Allons, houp, debout! lui cria-t-elle en le secouant. Entends-tu le coquerico de Chanteclair? C'eſt signe qu'il va faire beau pour sécher les chemises de l'enfant Jésus, que la sainte Vierge a lavées hier soir. »

Elle lui réchauffa le cœur d'une tasse de chicorée, & lui coupa un énorme briquet de pain pour déjeuner en route, après quoi elle lui dit:

« Voici ton chemin. Il te conduira tout droit à Odomez; de là tu iras à Notre-Dame-au-Bois, puis à Bruille, où tu passeras l'Escaut au bac. Arrivé à Hergnies, tu demanderas le moulin de Berlutiau, & tu me rapporteras, avec l'oie grasse, sept vassiaux & une pinte de blé de semence. »

On entend là-bas par vassiau une mesure qui contient vingt-cinq litres.

Maître Chanteclair achevait de sonner la diane sur le velours du toit, & la Belle, — c'eſt la lune que je veux dire, — le guettait encore de son œil jaune, lorsque Jean quitta la ferme.

Tout en pensant au plaisir qu'il aurait à manger de l'ôson, il se ramentevait ce que lui avait dit la fermière. Même, pour être plus sûr de ne point l'oublier, il allait répétant à haute voix : « Sept vassiaux & une pinte! Sept vassiaux & une pinte! » quand il rencontra un semeur en blanc tablier.

« Sept vassiaux! lui cria celui-ci, qui, justement, calculait dans sa tête ce que devait lui rapporter son champ, sept vassiaux! Ah! bien merci! Dis plutôt, fieu de Dieu, qu'il en vienne une centaine! »

Le discours du semeur brouilla la cervelle du Ninoche, &, comme de sa vie il n'avait pu y loger qu'une idée à la fois, au lieu de dire : « Sept vassiaux & une pinte! » il poursuivit son chemin en répétant :

« Qu'il en vienne une centaine! qu'il en vienne une centaine! »

En traversant le bois de Notre-Dame, il passa près du gros Thomas, le berger de Fresnes. Le gros Thomas était encore plus cramoisi que d'habitude, & il paraissait fier comme un coq qui sort de cocher une poule, ou, pour mieux dire, une glaine. Un loup était venu rôder autour de son troupeau, & son chien l'avait étranglé.

« Qu'il en vienne une centaine! Qu'il en vienne une centaine! faisait Jean du Gogué.

— Comment! traînard, qu'il en vienne une centaine! s'écria Thomas, croyant qu'il s'agissait de son loup. Dis plutôt : Encore un d'attrapé!

— Encore un d'attrapé! Encore un d'attrapé! » redit en écho le Ninoche ahuri; &, toujours parlant de la sorte, il avisa un clocher qu'il crut être celui de Bruille.

III

Il entendit au loin les sons d'une joyeuse musique, & se dirigea de ce côté. Il vit bientôt une foule de gens rassemblés.

C'était une noce arrêtée devant un cabaret par une barrière de verdure. Les ménétriers jouaient *la Ronde à Mathurin*, & toute la noce dansait.

Jean du Gogué passa à travers les danseurs, en répétant :

« Encore un d'attrapé! Encore un d'attrapé! »

— Attrapé! moi! » s'écria le jeune marié, & il s'élança sur le malencontreux Ninoche. Il retroussait ses manches pour lui pocher un œil, quand la demoiselle d'honneur, qui était amie de l'union, l'arrêta & repoussa l'intrus en lui soufflant :

« Imbécile! dis plutôt que tout le monde en fasse autant!

— Que tout le monde en fasse autant! Que tout le monde en fasse autant! » reprit Jean du Gogué, perdant de plus en plus la tramontane.

Il sortit du village & arriva près d'une meule de blé qui brûlait.

Les pompiers se démenaient vaillamment à la voix d'un capitaine qui n'avait point la goutte. Il tenait au collet un pauvre diable qu'on accusait d'avoir mis le feu.

« Que tout le monde en fasse autant! Que tout le monde en fasse autant! » dit le Ninoche, toujours busiant à son ôson.

« Qu'eſt-ce que c'eſt? Tu excites les boute-feu, toi! Tu mérites que je te *fisse* empoigner, scélérat! » s'exclama le capitaine qui n'aimait point les va-nu-pieds, & qui savait leur parler français.

Jean tremblait comme la feuille du peuplier.

« Dis plutôt que le bon Dieu l'éteigne! » lui glissa à l'oreille le caporal Tatérine.

— Que le bon Dieu l'éteigne! Que le bon Dieu l'éteigne! » répéta le Ninoche, & il détala comme s'il avait le feu aux chausses. Il ne respira qu'à l'entrée d'un village qu'il prit pour Hergnies.

Il passa devant la forge du marissiau ou, si vous le préférez, du maréchal ferrant. Le marissiau était d'une humeur massacrante. Il soufflait depuis trois heures sans pouvoir allumer son feu.

Au moment où il venait enfin de faire sortir une petite flamme bleue, mince comme la langue d'un chat, il entendit ces mots prononcés devant sa porte :

« Que le bon Dieu l'éteigne! Que le bon Dieu l'éteigne! »

Furieux, il saisit son marteau, le lança à la tête de l'insolent, & l'étendit tout de son long sur le pavé.

IV

Jean n'était point mort. Le bon Dieu avait sur lui d'autres visées.

Le voisin du marissiau, qui battait en grange, courut le relever avec ses varlets. Ils le portèrent dans la ferme, où il reprit bientôt ses sens.

Pareil coup de marteau eût cassé une tête dix fois plus solide. Le Ninoche n'avait rien qu'une bosse au front, & c'eſt juſtement cette bienheureuse bosse qui fut cause que plus tard on lui découvrit celle du génie.

Le censier lui demanda d'où il venait & où il allait.

« Je viens à Hergnies, dit-il, manger de l'ôson.

— Il se croit à Hergnies!... Mais, malheureux,

tu en es à plus de trois lieues ! » s'écria le fermier, qui connaissait le pays, ayant été plus d'une fois servir saint Calixte, à la procession des Réjouis.

Pour le consoler, il lui fit cadeau d'une gerbe de blé.

Il le remit ensuite dans le bon chemin ; mais Jean ne tarda point à s'égarer de nouveau.

Au coup de midi, il s'arrêta le long d'un clos. Il s'assit par terre, le dos à la charmille, déposa sa gerbe à ses pieds, & tira son briquet de pain, qu'il coupa par le mitan.

Après avoir dîné d'un des morceaux, comme il était las & recru, il s'endormit. Un coq survint qui, de son côté, dîna, avec ses poules, des grains de la gerbe.

Le Ninoche, à son réveil, ne trouva plus que la paille & se mit à pleurer. Le maître du clos, qui avait bon cœur, fut ému de pitié, & pour le dédommager, il lui donna le coq.

Ce n'était qu'un coquard, mais à cheval donné on ne regarde mie à la bouche.

« Grand merci ! » dit Jean. Il prend le coq, lui lie les pattes & l'emporte.

Sur les quatre heures, son eſtomac l'avertit qu'il eſt temps de reciner, autrement dit de goûter. Il pose son coq à terre & s'inſtalle, jambe de çà, jambe de là, sur la barrière d'une pâture. Hélas! pendant qu'il recinait, arrive une vache maladroite qui marche sur la bête & l'écrase.

Jean recommença à geindre de plus belle.

« Faut-il que j'aie de la malechance! soupirait-il. On m'avait donné une gerbe, un coq l'a mangée; on m'a donné le coq, & voilà qu'une vache l'écrase!

— Bah! ne pleure point. Je te donne la vache, dit le seigneur du village, qui passait le fusil sous le bras & la carnassière au dos.

— Merci, monseigneur, » fit le Ninoche tout joyeux, & il voyagea jusqu'au brun soir avec sa vache.

Il demanda l'hospitalité dans une ferme, & on les envoya tous les deux à l'étable.

Le fermier avait pour méquenne, ou, si vous le voulez, pour servante, une grande & belle fille, forte comme une attache de moulin.

« Vache qui vient de loin, dit-il, a de gros pis, » & il commanda à la méquenne d'aller traire celle de Jean du Gogué.

La bête souffrait beaucoup de ses pis. Elle cingla de sa queue le visage de la méquenne, qui en vit plus de dix mille chandelles.

Celle-ci était une fille aussi emportée que vigoureuse. Dans un accès de colère, elle saisit une fourche & éventra l'animal, qui tomba roide mort.

A cette vue, Jean de dévider de nouveau sa piteuse litanie.

« Faut-il que j'aie de la malechance! répétait-il en sanglotant. On m'avait donné une gerbe, un coq l'a mangée; on m'a donné le coq, une vache l'a écrasé; on m'a donné la vache, & voilà que la méquenne l'éventre.

— Eh bien! prends la méquenne, & cesse de braire! » s'écria le censier qui avait assez d'une pareille servante.

Jean du Gogué ne se le fit point dire deux fois. Avec l'aide du fermier, il saisit la méquenne qui n'osait trop regimber, craignant d'être battue. Il lui lia bras & jambes, la mit dans un sac & l'emporta sur son dos.

« Quand je serai à Hergnies, pensait-il, j'épouserai ma méquenne & nous mangerons de l'ôson. »

A force de s'égarer, il avait fini par rentrer dans la bonne voie, & il suivait celle de Bruille. La méquenne était plus pesante que la lune, qui ne pèse qu'une livre, s'il faut en croire l'incomparable la Guerliche. Aussi, en arrivant au village, le porte-sac sentait-il, révérence parler, la poussière voler dans son ventre.

Il entra à l'eftaminet de *l'Esclipette* pour l'abattre avec une triboulette de jeune bière, & laissa son sac devant la porte.

V

Par hasard, là se trouvaient attablés Tuné, Nanasse, Polydore & son chien Rombault, quatre Condéens du carrefour de la Capelette, réputés pour les plus grands farceurs du pays.

Polydore, tailleur de son métier, était venu à Bruille rapporter un habit-vefte à une de ses pratiques. Nanasse & Tuné, ayant fini leur semaine, l'avaient accompagné, ainsi que Rombault.

Hiftoire de se dégourdir les jambes, de jouer à *l'Esclipette* une partie de cartes & de boire la bière de la Vierge, comme disent les oiseux de Valenciennes.

Tuné sortit du cabaret, je ne sais plus trop pour quel motif. Il avisa le sac, & remarquant que quelque chose y grouillait, il eut la curiosité de l'ouvrir. Il fut plus surpris qu'un fondeur de cloches, en y découvrant une fort belle fille, ficelée comme un saucisson.

Il délivra la méquenne. Elle lui conta l'affaire en deux mots, &, n'ayant nulle envie d'épouser le Ninoche, elle reprit tout courant le chemin de son village.

« Que mettrai-je bien à sa place! se dit Tuné. Parbleu! je vais y fourrer l'ami Rombault. Il sera joliment attrapé! »

Rombault était un superbe mâtin jaune, fort docile & très-intelligent, ainsi nommé d'ailleurs par les gens de la Capelette pour faire enrager ceux de la place Rombault.

Tuné l'appela & l'enferma dans le sac.

Le Ninoche, sa pinte bue, se rechargea sans se douter de rien & poursuivit sa route. Tuné l'escortait à diftance. Cela fait que Rombault se tenait coi, se sentant sous la garde d'un ami.

Jean du Gogué arriva enfin à Hergnies par la plaine qu'on appelle le *Marais du curé,* & qu'il ne faut point confondre avec le *Marais à boches.*

Son idée était d'aller tout droit chez M. le curé, mais il s'avisa qu'il avait oublié de demander le consentement de la fille. Il mit bas son sac & l'entr'ouvrit au moment où, jufte à point, retentissait un grand coup de sifflet.

« Dites donc, méquenne, fit le Ninoche, voulez-vous qu'on nous marie, nous deux? »

Un sourd grondement lui répondit. Jean effrayé lâcha la corde & le sac s'ouvrit tout à fait. Rombault en sortit, écumant de colère, & fit mine de lui sauter à la gorge.

Le Ninoche n'eut que le temps de grimper dans un saule qui se trouvait là fort à propos. Mais ne voilà-t-il pas que le saule, qui était creux & pourri dans le cœur, craque sous son poids & se brise avec un fracas épouvantable!

L'arbre & l'homme churent dessus le chien qui ne s'attendait à rien moins, & qui faillit être escarbouillé. Mynheer Rombault ne demanda point son reste; il prit le vent & court encore.

Obéissait-il au coup de sifflet, ou, en Condéen bien dressé, s'était-il rappelé que les portes de la ville se fermaient à dix heures & qu'il risquait, en s'attardant, de passer la nuit à la belle étoile?

VI

Délivré de Rombault, Jean se dépêtra de son arbre. Il se tâta par tout le corps & fut bien aise de voir qu'il ne lui manquait aucun de ses membres.

Tout à coup il aperçut dans le creux du saule quelque chose qui, au clair des étoiles, luisait comme une lumerote, autrement dit un feu follet. Il y enfonça la main & en retira une oie dont les plumes étaient d'or pur.

Il perdait une femme & trouvait une oie. Je connais des malavisés qui diront qu'il n'avait rien perdu.

Jean n'était point si malicieux : il n'en fut pas moins ravi de sa trouvaille.

« Voilà l'ôson que je cherchais ! s'écria-t-il, c'eſt le bon Dieu qui me l'envoie ! Je vais le faire accommoder tout de suite, » et il s'en fut à l'auberge du *Paradis*, la plus belle du village.

Il avait complétement oublié la censière du Vivier qui, à l'heure qu'il eſt, attend encore ses sept vassiaux & une pinte de blé de semence.

Le *Paradis* était plein de pèlerins qui devaient se rendre le lendemain à la procession des Réjouis.

L'hôte ne savait où donner de la tête &, quand le Ninoche lui présenta son ôson, c'eſt à peine s'il y prit garde. Il le renvoya bien loin, en disant que, puisqu'il était d'or, on ne pouvait le mettre à la broche.

« Puisqu'on ne peut l'accommoder, dit Jean du Gogué, j'en ferai cadeau à saint Calixte. Ce sera bien le diable si, en revanche, il ne m'en donne pas un qui soit bon à mettre à la broche ! »

Et, après avoir soupé, il alla avec son ôson coucher à l'étable.

VII

L'hôte du *Paradis* avait trois filles qui étaient aussi curieuses qu'Ève, leur grand'maman. Toute la nuit elles se retournèrent dans leur lit, pensant à l'oie d'or & tourmentées du désir de l'examiner à leur apaisement.

Au premier chant du coq, l'aînée se leva & dit : « Il fait trop chaud, je ne saurais dormir, » & elle descendit à l'étable, à pas de loup, pour ne point réveiller le Ninoche.

Aux rayons de la Belle l'oiseau merveilleux brillait comme une étoile. Après en avoir bien rassasié ses yeux, la jeune fille eut envie de lui saquer une de ses plumes.

Elle y mit la main, mais, à sa vive surprise, elle ne put la retirer.

Quand le coq chanta pour la seconde fois, la cadette se leva & dit : « J'ai senti une puce, je ne puis plus dormir, » & elle courut rejoindre sa sœur, mais aussitôt qu'elle l'eut touchée, il lui fut impossible de bouger de l'endroit.

Au troisième chant du coq, la plus jeune fille de l'hôte dit : « Voilà Chanteclair qui souhaite le bonjour à saint Calixte; il eſt heure de dévaler, » &, comme ses sœurs, elle se rendit à l'étable.

« Prends garde! prends garde! » lui crièrent celles-ci, mais elle n'y comprit rien & pensa : « Tiens! si elles y sont, je peux bien y aller aussi! »

Elle n'eut point plutôt touché ses sœurs, qu'elle se vit, comme elles, de la suite de l'oie.

Un quart d'heure après, le Ninoche s'éveilla, se frotta les yeux, s'étira, secoua la paille qu'il avait dans les cheveux &, tenant son ôson sous son bras, il partit sans faire attention aux trois filles qu'il entraînait derrière lui.

Elles tentèrent de l'arrêter, mais Jean se figura qu'elles en voulaient à son ôson & il se mit à courir. Les trois filles coururent, forcées de le suivre aussi vite que leurs jambes pouvaient aller.

Quand ils furent sortis du village, comme elles étaient hors d'haleine, elles le supplièrent de ralentir le pas, ce qu'il fit volontiers à la condition qu'elles lui indiqueraient sa route.

Le soleil avait quitté son lit, lorsque la compagnie arriva au hameau de la Queue-de-l'Agache.

VIII

Par là passait juſte à point le curé de Condé, avec ses deux vicaires, ses chantres, le baudet..... je me trompe... le bedeau Bourla; grand-père Jacob, le carillonneur; pépère Vilain, l'organiſte; Trogniez, le serpent, ou plutôt le cron-cornet, & les enfants de chœur ou, pour mieux dire, les rouges-cottes.

Les braves gens allaient chanter grand'messe à Saint-Calixte.

En ce temps-là le curé de Condé était gros comme une tonne, & il bégayait presque aussi dru que notre ami Jocko, l'huissier du diable, à qui Cambrinus, roi de la bière, joua un si bon tour.

Ce n'en était pas moins un saint homme & très-sévère sur l'article des mœurs.

A la vue des trois filles qui marchaient sur les talons du Ninoche, il s'écria :

« N'êtes-vous pas honteuses, fi... filles sans pu... pu... pudeur, de courir ainsi pa... par les champs après un ga... garçon ? »

Il tira la plus jeune par son cotteron pour l'ôter de là; mais à peine eut-il touché la cotte qu'il y reſta attaché & forcé de faire cortége à l'oie.

« Monsieur le curé! monsieur le curé! où allez-vous donc? » lui cria le baudet Bourla, qui était un grand sec héron. Il courut le saisir par la soutane & y demeura attaché.

Le curé ordonna aux autres de venir les délivrer. Aussitôt les vicaires, les chantres, le carillonneur, l'organiſte, le cron-cornet & les rouges-cottes se prirent par la main & saquèrent M. le curé; mais ils furent entraînés par Jean qui allait toujours son chemin, & se trouvèrent, bon gré, mal gré, de la suite de l'oie.

IX

Saint Calixte était alors en aussi grande vénération dans le pays flamand que de nos jours Notre-Dame-de-Bon-Secours. Sa chapelle s'élevait près de Bernissart, à l'endroit où eſt encore aujourd'hui la cense du même nom.

Les pèlerins s'y rendaient en foule de Lille, Douai, Valenciennes, Cambrai, Mons, Tournay, &, comme saint Calixte était renommé pour la guérison des affligés, ils formaient la procession la plus curieuse qu'il y eût au monde.

On n'y voyait que bossus, borgnes, berlous,

autrement dit gognats ou bigles, aveugles, manchots, bancals, bancroches, boiteux, tortus, cagneux, culs-de-jatte, & le spectacle en était si bouffon que, dans la chapelle, on avait dû mettre dos à dos les saints qui tenaient compagnie au bienheureux saint Calixte. Si on les avait placés face à face, à voir une pareille collection de créatures bizarres & biscornues, il leur eût été impossible de se regarder sans rire.

Ce qui rendait la chose si amusante, c'eft que toutes ces bonnes gens n'étaient rien moins que des éclopppés. C'étaient, bien au contraire, des ci-devant malades que le saint avait guéris miraculeusement & qui, en reconnaissance, venaient le servir ainsi chaque année. Ils se plaisaient à simuler leurs maux passés, pour en rappeler l'image à tous les yeux & mieux jouir de la santé présente.

La messe finie, ils enlevaient bandages & bandeaux, jetaient loin d'eux béquilles & béquillons, & faisaient une guinse, je veux dire une noce, que le diable en prenait les armes. Et c'eft pourquoi on n'appelait jamais le pèlerinage de Saint-Calixte autrement que la procession des Réjouis.

X

Or, vous saurez qu'à cette époque le roi des Pays-Bas avait une fille belle comme le jour, mais qui n'avait ri de sa vie. Elle était aussi trifte que la cloche des trépassés, qu'on nomme chez nous la dolente, & de là vient qu'on lui avait donné le nom de la Belle-Dolente.

En sa qualité de fille unique, on l'avait, dès le berceau, bourrée de friandises, de jouets & d'amusements de toute sorte. C'eft sans doute pour cela que, rassasiée avant l'heure, la pauvre désolée ne trouvait plus rien qui l'égayât.

En vain avait-on mandé des quatre coins du monde les plus fameux baladins, bateleurs, bouffons, turlupins, pîtres, grimaciers, grotesques & farceurs.

Ni Polichinelle, ni Pierrot, ni Arlequin, ni Scaramouche, ni Bobèche, ni Guignol, ni Jean Potage, ni la Guerliche lui-même, l'incomparable la Guerliche, aucun fantoche, si plaisant qu'il fût, n'avait pu amener un sourire sur les lèvres pâles de la Belle-Dolente.

Les parades bien plus réjouissantes des courtisans étaient restées sans effet, & la Belle-Dolente les avait vus s'embrasser à grands bras & se déchirer à belles dents, courber l'échine jusqu'à terre, sauter pour tous les favoris, marcher à quatre pattes, ramper à plat ventre, faire enfin les cabrioles les plus étonnantes, les pirouettes les plus extraordinaires & aussi les culbutes les plus inattendues, sans que tant de merveilleuses pantalonnades pussent seulement éclaircir son beau front.

Elle n'eût pas ri pour un empire, & on lui aurait mis la tête sur le billot qu'elle n'eût point ri davantage.

Le roi, désespéré de cette incurable tristesse, déclara par un édit que quiconque parviendrait à faire rire sa fille l'obtiendrait pour femme.

Comme les plus grands comiques de l'univers avaient passé devant ses yeux indifférents, il ne se présenta personne, & c'est alors que son père, ne sachant plus à quel saint se vouer, eut l'idée de l'amener à saint Calixte.

XI

Toute la cour regardait, depuis le fin matin, défiler cahin-caha, clopin-clopant, les bossus, les borgnes, les bigles, les aveugles, les manchots, les bancals, les bancroches, les boiteux, les tortus, les cagneux, les culs-de-jatte. Il y en avait qui ressemblaient à des X, d'autres à des Y, d'autres à des Z, d'autres encore à des S ou bien à des K. L'alphabet tout entier y passait, sauf la lettre I. Les plus plaisants étaient ceux que la nature avait marqués au B.

Les courtisans riaient à se tordre & le roi plus haut que les autres. La princesse bâillait comme une jolie carpette au soleil.

C'eſt peut-être bien, en ce moment, ce qu'elle avait de mieux à faire. La pauvrette, après tout, ne risquait rien moins que d'épouser un ancien bossu ou un ex-cul-de-jatte, & vous m'avouerez qu'il n'était mie temps de rire.

La cour se préparait à s'en retourner & déjà, jugeant l'épreuve suffisante, le roi avait donné le signal du départ, quand tout à coup Jean du Gogué, qui s'était remis à presser le pas, parut avec son oie & sa suite.

Lorsque la princesse vit le Ninoche, les trois filles, le gros curé, le sec héron de bedeau, les deux vicaires, les chantres, le carillonneur, l'organiſte, le cron-cornet & les rouges-cottes attachés les uns aux autres, courir en se marchant sur les talons, elle fut prise d'un tel accès de fou rire qu'elle tomba pâmée dans les bras de la reine.

Le roi, enchanté, sauta au cou du Ninoche en lui criant : « Tu l'épouseras! tu l'épouseras! » & tous les courtisans se jetèrent dans les bras les uns des autres en s'écriant : « Noël! Noël! Il l'épousera! »

Jean alla avec sa suite, y compris le monarque, déposer son ôson aux pieds de saint Calixte. Aussitôt le roi, les trois filles, le curé & ses acolytes purent se séparer. Le charme était rompu.

La noce se fit huit jours après, au château de Bernissart. On y mangea un troupeau tout entier d'ôsons d'Hergnies, on but deux brassins de bière de Fresnes, & on rit à ventre déboutonné.

Au dessert, le curé de Condé bégaya un long discours qui faillit endormir l'assiſtance; en revanche, le curé de Bernissart, qui était un homme d'esprit, la réveilla en chantant *El Pantalon troé,* la plus belle chanson qu'on ait faite dans les Pays-Bas.

XII

Après la mort du roi, le Ninoche lui succéda & ne gouverna point plus mal que ses prédécesseurs.

Les Valenciennois se souvinrent alors qu'on

l'avait trouvé jadis à Saint-Saulve, sous un gogué, & revendiquèrent l'honneur de lui avoir donné le jour.

De tout temps les gens de Valenciennes ont eu un faible pour les grands hommes de clocher. Ils firent sculpter, en bois de noyer, les ſtatues de maître Jean du Gogué & de sa femme, & les placèrent sur une tour, où elles sonnaient l'heure à la plus magnifique horloge qu'on eût jamais vue.

A cette époque, les Valenciennois n'étaient point riches en hommes illuſtres. Depuis qu'ils en ont toute une bande, ils ont démoli la tour de maître Jean du Gogué et mis sa ſtatue au rancart : à tort, selon moi.

Le Ninoche était un grand homme tout comme un autre. J'en connais plus d'un par le monde qui n'a su, sa vie durant, que répéter les idées d'autrui, qui n'a dû, comme lui, sa fortune qu'à d'heureuses rencontres, & qui eſt arrivé, comme lui, au pinacle — sans le faire exprès !

TABLE DES CONTES

Cambrinus, Roi de la Bière............	3
Le Compère de la Mort................	31
L'Hôtellerie des Sept Péchés Capitaux........	49
Culotte-Verte, le Vainqueur du Lumçon.......	57
Le Petit Soldat......................	85
Le Blanc Misseron....................	125
Manneken-Pis.......................	145
Les Muscades de la Guerliche.............	177
Le Filleul de la Mort..................	195
Martin & Martine.....................	215
La Chandelle des Rois.................	245
Le Poirier de Misère...................	279
Les Trente-Six Rencontres de Jean du Gogué...	297

LITTÉRATURE

COLLECTION IN-18 A 3 FR. 50 LE VOLUME

Berend. — La Quarantaine	1 vol.
Biagio Miraglia. — Cinq Nouvelles calabraises	1 vol.
Castelnau. — Zanzara, ou la Renaissance en Italie	2 vol.
Emerson. — Les Représentants de l'humanité	1 vol.
— Les Lois de la vie	1 vol.
— Essai sur la Nature	1 vol.
Eyma. — Légendes du nouveau monde	2 vol.
Fould. — L'Enfer des Femmes	1 vol.
Garcin. — Charlotte	1 vol.
Hugo (V.). — Les Misérables	10 vol.
Leclercq. — Histoire de deux Armurières	1 vol.
— Gabrielle Hauzy	1 vol.
Ligne (Prince de). — Mémoires	1 vol.
Lucas. — Histoire du Théâtre français	3 vol.
Michelet. — La Sorcière	1 vol.
Reade. — L'Argent fatal	2 vol.
Schlegel. — Cours de Littérature dramatique	2 vol.
Trolopppe. — La Petite Maison d'Allington	2 vol.
Vincent et **Didier.** — Enclume ou Marteau	1 vol.

COLLECTION IN-18 A 3 FR. LE VOLUME

Alarcon. — Le Finale de Norma	1 vol.
Alby. — L'Olympe à Paris, ou les Dieux en habit noir	1 vol.
Auerbach. — Au village et à la Cour	2 vol.
Barrué. — Zéphyrin Brunon, histoire d'un parvenu	1 vol.
Berthet. — La Peine de Mort, ou la Route du Mal	1 vol.
Blum. — Entre Bicêtre et Charenton	1 vol.
Bonnemère. — Le Roman de l'Avenir	1 vol.
Breteh. — Gabrielle. Les Pervenches	1 vol.
Claude. — Le Roman de l'Amour	1 vol.
Daudet. — Les Douze Danseuses du château de Lamôle	1 vol.
Dérisoud. — Les Petits Crimes	1 vol.
Desbarolles. — Le Caractère allemand	1 vol
Dollfus. — Mardoche. La Revanche du Hasard. La Villa	1 vol.
Ducondut. — Juvenilia, Virilia. Poésies	1 vol.
Garcin. — Léonie, essai d'éducation par le roman	1 vol.
Gastineau. — La Dévote	1 vol.
Joliet. — L'Envers d'une Campagne. Italie 1859	1 vol.
Pessard. — Yo, ou les Principes de 89	1 vol.
Pétrarque. — Rimes, traduites en vers, par J. Poulenc	4 vol.
Richard. — Un Péché de vieillesse	1 vol.
— La Galère conjugale	1 vol.
Sand (M.). — Le Coq aux Cheveux d'or	1 vol.
Scholl. — Nouveaux Mystères de Paris	3 vol.
Serret. — Les Heures perdues. Poésies	1 vol.
Ulbach. — La Chauve-Souris. (Suite du *Parrain de Cendrillon*)	1 vol.
Zola. — La Confession de Claude	1 vol.

PARIS. — IMPRIMERIE L. POUPART-DAVYL, 30, RUE DU BAC.

www.ingramcontent.com/pod-product-compliance
Lightning Source LLC
Chambersburg PA
CBHW060455170426
43199CB00011B/1210